Rao Faizan Ali

Uma coleção de modelos de processos empresariais de nível superior

Rao Faizan Ali

Uma coleção de modelos de processos empresariais de nível superior

ScienciaScripts

Imprint

Cover image: www.ingimage.com

This book is a translation from the original published under ISBN 978-620-2-30672-0.

Publisher:
Sciencia Scripts
is a trademark of
Dodo Books Indian Ocean Ltd. and OmniScriptum S.R.L publishing group

120 High Road, East Finchley, London, N2 9ED, United Kingdom
Str. Armeneasca 28/1, office 1, Chisinau MD-2012, Republic of Moldova, Europe
Printed at: see last page
ISBN: 978-620-8-21009-0

Dedicação

Declaro que este projeto de investigação é dedicado ao meu mentor, guru e modelo Dr

. Khurram Shehzad, Dr. Adnan Abid e Dr. Adeel Nawab.

Só com a ajuda e a orientação do(s) meu(s) mentor(es)

consegui apresentar um

projeto de investigação

exaustivo

e engenhosamente escrito.

As evidências de concentração, clareza e concisão no meu trabalho são um reflexo claro das qualidades, competências e informações que aprendi com os meus mentores e professores ao longo do tempo. Com a

sua ajuda e o seu apoio, fui encorajado a fazer um esforço saudável e a adotar uma abordagem de investigação abrangente no meu projeto. Hoje, se sou uma

pessoa

confiante e

com conhecimentos

razoáveis

, o mérito é dos meus brilhantes mentores.

Palavras-chave

Gestão de processos empresariais, modelo de processo empresarial, coleção de modelos de processos, Repositório de modelos de processos, Revisão ligeira, Cópia próxima, Revisão pesada, Gold Standard, Correspondência de clones, Filtragem, Similaridade de modelos de processos, SAP, APROMORE, Modelos sintéticos.

RESUMO

A modelação de processos de negócio permite a uma organização gerir as suas operações de negócio de uma forma eficaz. Dado que existem demasiados modelos de processos numa organização, a gestão destes modelos requer a manutenção de grandes repositórios de modelos de processos, bem como técnicas automáticas para a gestão de repositórios de processos. As caraterísticas de um repositório de processos são classificadas em quatro tipos: avaliação, comparação, gestão e apresentação. A avaliação abrange a análise da qualidade, correção e desempenho dos modelos de processos, a comparação abrange a semelhança entre modelos e a análise baseada em padrões, a gestão descreve como controlar as extensões, a individualização e o preenchimento do repositório com base em referências, e a apresentação de modelos de processos está relacionada com a generalização útil de processos e notações secundárias, tais como assize, andcolor, etc. Entre estas, estamos interessados na comparação de modelos de processos e na consulta do repositório para encontrar modelos de processos adequados.

Vários investigadores inventaram técnicas automáticas para fazer corresponder e encontrar modelos de processos pertinentes. A eficácia destas técnicas precisa de ser rigorosamente avaliada. Com efeito, se as técnicas não forem avaliadas com rigor, é possível que algumas técnicas sejam eficazes para modelos de processos com determinadas caraterísticas. Além disso, gostaríamos de poder dizer quais são as melhores técnicas, quais são as piores, e resolver uma parte do problema. No entanto, observámos que os estudos existentes que propõem técnicas de correspondência não avaliaram rigorosamente a eficácia das técnicas, ou seja, estas técnicas utilizam apenas 10 modelos de processos como consultas. Uma das principais razões para isso é a ausência de uma coleção de modelos de processos padrão-ouro publicamente disponível e de um conjunto de consultas que contenha exemplos de modelos de processos com caraterísticas variáveis.

Como contributo para a resolução desse problema, pretendemos desenvolver uma coleção artesanal de modelos de processos e um conjunto de consultas que contém exemplos de modelos de processos com caraterísticas variadas. A nossa coleção de 600 modelos de processos foi concebida utilizando BPMN - uma norma OMG para modelação de processos. A coleção contém modelos de processos com caraterísticas estruturais e de etiqueta variadas. Para avaliar a variedade de caraterísticas estruturais, comparamos as propriedades estruturais da nossa coleção com três repositórios de modelos de processos existentes. Os resultados mostram que a nossa coleção contém mais modelos de processos com diferentes propriedades estruturais. A variedade de rótulos, com base na noção de paráfrase no processamento de linguagem natural, é elaborada manualmente por três investigadores para reduzir a influência humana. No que diz respeito às consultas, fornecemos uma coleção de 131 consultas e anotações manuais dessas consultas que podem ser utilizadas para calcular a precisão e a recordação. Dada a variedade de exemplos de modelos de processos, espera-se que a coleção, as consultas e as suas anotações manuais possam ser utilizadas para uma avaliação rigorosa das técnicas de correspondência de processos.

Conteúdo

Capítulo 1

Introdução

1. Introdução

O papel e a contribuição da Modelação de Processos Empresariais (BDM) em vários domínios tem sofrido um enorme incremento ao longo do tempo. As organizações têm apoiado incondicionalmente a tecnologia de BDM para melhorar as suas operações comerciais e introduzir modificações rentáveis. Isto prova o facto de que, para garantir o sucesso e a prosperidade de qualquer negócio, é obrigatório que as organizações utilizem uma abordagem orientada para os processos em todas as suas actividades. Esta abordagem requer a formulação de procedimentos bem definidos que conduzam as indústrias em todas as perspectivas. Por conseguinte, os investigadores e os especialistas no terreno estão a experimentar a BDM com diversos fornecedores de tecnologia.

Por outro lado, os fornecedores estão a realizar pesquisas para identificar diferentes tácticas para estabelecer notações de modelação para procedimentos sistemáticos. A maioria dos fornecedores desenvolveu com sucesso o seu repositório proprietário personalizado, reunindo e criando diariamente inúmeros modelos de processos. Este facto tem constituído um enorme desafio para as organizações no que diz respeito à gestão de um grande número de BDMs. O que é necessário é uma atualização atempada e regular de ambos os ambientes/perspectivas internos e externos para desenvolver BDMs versáteis que satisfaçam todos os requisitos essenciais.

Tendo em conta esta informação, a iniciativa de gestão de processos empresariais introduziu uma nova norma sob a forma de notação gráfica do fluxo de trabalho, de modo a captar os processos empresariais da respectiva organização de forma exaustiva. Recentemente, foi introduzida outra nova norma, designada por BPMN, que está a ser considerada a norma de referência para o BPM. No entanto, existem também várias outras normas disponíveis (na sua maioria ligadas ao Object Management Group/OMG), que devem ser comparadas para uma investigação saudável.

1.1BPM Introdução

O BPM é considerado o passo crucial seguinte ao fluxo de trabalho, ao passo que, na indústria moderna, o termo fluxo de trabalho é utilizado para definir a gestão de processos empresariais. Normalmente, o BPM é explicado como uma forma eficaz de apresentar todos os objectivos comerciais objectivos e/ou subjectivos em formato gráfico. Basicamente, o processo empresarial é uma ilustração pictórica de um objetivo empresarial específico, enquanto a gestão de processos empresariais é a arte de apresentar habilmente o referido objetivo.

A tecnologia de gestão de processos empresariais foi introduzida nos anos 80 e, desde então, registou um desenvolvimento e uma improvisação excepcionais. Atualmente, oferece uma vasta gama de benefícios às empresas. Devido ao seu brilhante historial e impacto produtivo no desempenho das organizações, o BPM tornou-se a principal estratégia de gestão de processos nas operações industriais modernas. Vernner et al. [1], explicam que para automatizar os procedimentos de negócios, várias tecnologias de computador são utilizadas para desenvolver o BPM.

Depois de perceber o que é, de facto, a Gestão de Processos de Negócio, é importante perceber como é que a BPM facilita a criação ou modelação de processos de negócio, as ferramentas e técnicas utilizadas para o efeito e a forma como os consultores e/ou analistas modelam os processos. Todos estes aspectos podem ser compreendidos através de um conceito simples: Business Process Modeling Notation ou BPMN. Owen etal., [2] explicam que:

> "A notação e a gestão de processos empresariais é uma linguagem normalizada que é nova nas linguagens de modelação e que torna a modelação de processos e de serviços Web muito fácil e conveniente."

A BPMN baseia-se no Business Process Diagram/BPD, que é extremamente fácil de utilizar e adequado para procedimentos complexos. Foram introduzidas várias linguagens de modelação pelo Business Process Management Institute/BPMI, incluindo a Business Process Modelling Language (BPML) e a Business Process Query Language (BPQL). Linguagens como BPML e BPQL podem ser facilmente mapeadas em BPMN.

Assim, a BPMN pode ser entendida como uma linguagem de modelação fácil criada para conceber processos empresariais complexos e para analisar esses processos após a sua criação. A BPMN é, de longe, a mais fácil de todas as linguagens de modelação, porque até as pessoas não técnicas a podem compreender e utilizar facilmente. Os componentes BPM típicos requerem um ponto de partida e um ponto de chegada para formar o processo e o processo intermédio pode ser definido de acordo com os requisitos. Os gateways ajudam a tomar decisões durante a modelação do processo.

1. 2Tecnologia de repositório para modelos de processos

A tecnologia de repositório para modelos de processos descreve a forma como os processos são armazenados e como estão ligados a esse armazenamento. No entanto, as principais funções de um repositório incluem a importação, exportação e armazenamento de metadados, bem como a gestão da configuração e o check-in/check-out. Yanetal., [3] analisou um modelo de gestão de processos com repositórios de modelos de processos existentes e concluiu que o modelo é composto por três componentes, nomeadamente:

(1) Modelo de dados do processo

(2) Modelo de função

(3) Modelo de gestão

Neste contexto, o modelo de dados descreve vários factores do modelo de processo suportados pelo repositório, tais como fluxos de controlo, actividades, autorização e diferentes objectos de dados.

Por outro lado, o modelo de função inclui funções de integração, armazenamento e recuperação, das quais a integração permite a criação de relatórios e a ligação a numerosas ferramentas BPM, enquanto a função de armazenamento envolve a atualização, eliminação e inserção de dados. Uma fação de recuperação define as técnicas utilizadas para aceder aos modelos de processos armazenados. O modelo de gestão centra-se principalmente nas funções avançadas do repositório, por exemplo, gestão do ciclo de vida, gestão de notificações, gestão da configuração e gestão do controlo de versões.

O modelo de repositório descrito acima é um exemplo de repositório BPM. No entanto, existem muitos outros repositórios disponíveis que oferecem diferentes tipos de infraestrutura, tais como: APROMORE, MIT HANDBOOK, e SAP REFRENCE MODEL etc.

3.3 Necessidade do conjunto de dados e usabilidade do conjunto de dados

Um conjunto de dados é obrigatoriamente necessário para resolver qualquer problema de investigação. Na gestão de processos empresariais, o conjunto de dados é necessário para executar as seguintes funções

- Deteção de clones
- Avaliação dos modelos de processo
- Filtragem
- Design inteligente
- Apresentação

1.4 Limitações da investigação

São evidentes várias contribuições para os repositórios de modelos de processos, como a filtragem de processos [4], a correspondência de processos [5], a deteção de clones [6], a consulta do repositório de modelos de processos [7] e a composição de modelos de processos [8], etc. A maioria dos artefactos apresentados nestas contribuições são autenticados por uma pequena amostra de 100 modelos de processos e 10 consultas relacionadas com esses modelos. Uma vez que a amostra é relativamente pequena, não é muito difícil determinar a exatidão, a precisão ou a eficiência do artefacto proposto, apesar do facto de, para a experiência destinada a avaliar a exatidão de um algoritmo de consulta, serem feitas 1000 anotações manuais.

O trabalho atual sobre este aspeto mostra uma vaga validade dos resultados, porque até agora as abordagens aprovadas para verificar as semelhanças entre os processos não são muito autênticas, provavelmente devido ao facto de o conjunto de dados ser pequeno. O problema é que as conclusões dos estudos anteriores não podem ser comparadas com as dos novos estudos, porque não existe uma referência previamente definida para a recolha de conjuntos de dados/processos e/ou para o conjunto de consultas para vários modelos de processos. Outro problema é que, se uma abordagem é válida para um determinado conjunto de dados, pode não funcionar necessariamente para outros modelos de processos ou domínios e complexidades diferentes.

1.5 Objetivo(s) da investigação

Os seguintes objectivos serão alcançados no final do presente relatório de projeto:

- Estabelecer uma coleção PADRÃO-OURO de modelos de processos empresariais
- Criar uma coleção de modelos de processos de referência
- Efetuar cálculos de métricas estruturais em modelos de processos
- Criar consultas de referência para avaliar o desempenho da coleção
- Fazer corresponder essas consultas à coleção manualmente e encontrar os resultados

1. 6Metodologia de investigação

As etapas da metodologia de investigação são descritas a seguir:

- Análise dos trabalhos existentes sobre modelação de processos e exploração dos problemas que prevalecem nas colecções existentes de modelos de processos
- Recolha de modelos de processos de diferentes fontes, incluindo livros, bibliotecas, World Wide Web, etc.
- Conversão de modelos de processos num formato conveniente (JSON) com a ajuda da "ferramenta signavio BPM" porque os modelos de processos recolhidos estavam no formato de imagem
- Efetuar revisões de dados para obter variantes
- Realização de cálculos métricos estruturais de modelos de processos para comparar a nossa coleção com outras colecções.
- Criação de um conjunto de 2 a 5 consultas para cada categoria de modelos de processos. Cada consulta será posteriormente comparada com todos os processos da coleção e classificada com base em critérios concretos. Pode ser utilizada mais do que uma forma de correspondência, ou seja, correspondência discreta e correspondência baseada na pontuação. Esta coleção servirá de padrão de ouro para todos os tipos de estudos

1. 7Estrutura da tese

A organização desta tese é a seguinte:

Capítulo 2: Explicação e análise dos conceitos de investigação existentes, que seriam úteis para este projeto. O capítulo também resumirá os detalhes e as caraterísticas dos repositórios atualmente existentes. As definições de várias colecções de modelos de processos, juntamente com as suas limitações, também farão parte deste capítulo.

Capítulo 3: A tónica será colocada no desenvolvimento e na construção da coleção padrão GOLD, pelo que incluirá as etapas que criarão as variantes desta coleção, para além da descrição da forma como foram realizadas as revisões dos dados. Fornecerá detalhes sobre as equipas de investigadores envolvidos neste projeto e oferecerá uma análise comparativa das revisões realizadas por vários investigadores (Near Copy, Light Revision, Heavy Revision). Os cálculos das métricas estruturais também serão incluídos neste capítulo.

Capítulo 4: Este capítulo apresenta especificações das colecções de modelos de processadores, comparações com várias colecções realizadas até à data, tais como SAP, modelo de serviço, amostra completa, etc.

Capítulo 5: As consultas PADRÃO-OURO serão determinadas e abordadas neste capítulo, com um enfoque adequado nos processos de geração de consultas e anotações manuais dessas consultas.

Capítulo 6: Este capítulo apresentará uma versão resumida de todas as conclusões desta investigação e determinará as limitações e o âmbito de futuras investigações neste contexto.

Capítulo 2

Revisão da literatura

2. 1Repositórios existentes e suas caraterísticas

Este capítulo apresenta uma panorâmica dos repositórios de modelos de processos empresariais atualmente existentes, que se baseiam em duas estratégias principais, ou seja, os repositórios baseados no conhecimento e os repositórios baseados em serviços. Os repositórios de processos empresariais baseados no conhecimento armazenam os processos empresariais relacionados com o processo de conhecimento, sendo que o conhecimento para o modelo de processo empresarial é entendido a partir de diferentes perspectivas, como por exemplo, pode ser baseado em referências, recursos, ontologias e traços de execução. Por outro lado, o repositório baseado em serviços armazena os modelos de processos que estão bem definidos como um contexto de serviços. Alguns dos repositórios são descritos a seguir:

2.1. 1Manual de procedimentos do MIT

Trata-se de um repositório baseado no conhecimento que assenta em três factores principais:

- Facilitar a organização de actividades em modelos de processos através de um esquema de classificação
- Disponibilizar uma coleção de modelos de processos organizados de acordo com a sua classificação
- Oferecer uma coleção classificada de ferramentas para gerir modelos de processos de bases de conhecimento

Basicamente, o manual de processos do MIT é um repositório baseado em texto e não deve ser considerado como um repositório de processos convencional, uma vez que não oferece a possibilidade de armazenamento. Fornece uma descrição dos modelos de processos e dos seus metamodelos, bem como a sua relação com os elementos que incentivam a ligação entre os modelos de processos. No entanto, este repositório de bases de dados de conhecimentos não fornece os pormenores dos modelos de processos porque o seu objetivo principal é organizar os conhecimentos já existentes no repositório. O manual de processos do MIT explica onde os modelos de processos do repositório proprietário são armazenados no repositório através de ferramentas, enquanto as informações sobre os modelos de processos são armazenadas no texto. Todas as informações são armazenadas diretamente no formato de base de dados. O manual de processos do MIT apresenta dois esquemas de classificação diferentes para os modelos de processos, conhecidos como especialização e decomposição.

A classificação da especialização inclui modelos de processos altamente classificados, que são combinados e depois armazenados nas suas respectivas classes, ou seja, um modelo de processo relacionado com o aprovisionamento é armazenado no grupo de aprovisionamento de não-produtos. A decomposição, comparativamente, é diferente da especialização, uma vez que distribui os modelos de processos pelas suas actividades, onde os modelos de processos são armazenados de acordo com o seu sector especializado subsequente.

2.1.2 Repositório avançado de modelos de processos (APROMORE)

O Apromore é um repositório de modelos de processos avançados de código aberto, que pode ser modificado e alargado de acordo com a procura, e fornece ferramentas para a apresentação de modelos de processos armazenados num repositório. O Apromore é um repositório de modelos de processos revolucionário, pois fornece o ambiente para armazenar e estudar uma ampla gama de modelos de processos de negócios. É um repositório único que incentiva a contextualização e análise de modelos de processos de negócio para que possam ser melhorados ou reutilizados.

As caraterísticas do Apromore são geralmente classificadas em quatro grandes áreas baseadas em serviços:

a. Avaliação

A avaliação trata de regras para várias noções de modelos de processos. Nesta etapa, os modelos de processos são avaliados de acordo com os seus critérios de noções, o que se designa por qualidade sintáctica dos modelos de processos. Estes modelos de processos empresariais são também avaliados nesta etapa, de acordo com a sua capacidade de manutenção e compreensão, conhecida como qualidade pragmática.

b. Filtragem

A segunda etapa consiste na filtragem dos modelos de processos empresariais. Os modelos de processos empresariais, que são semelhantes entre si, são filtrados para verificar a sua conformidade com as normas industriais. A filtragem facilita o controlo da extensão dos modelos de processos empresariais e da sua relação com os modelos de processos de origem.

c. Conceção

A Apromore facilita a criação, alteração e execução de modelos de processos com base nos modelos de processos empresariais existentes no repositório. Por exemplo, a Apromore fornece funcionalidades para fundir modelos semelhantes e integrá-los com modelos recém-criados de acordo com os seus requisitos.

d. Apresentação

A apresentação e a recolha de modelos de processos empresariais num repositório é uma das quatro principais caraterísticas que o apromore oferece, para além de apoiar a melhoria e a compreensão de um grande número de modelos de processos empresariais e respectivas colecções.

2.1.30 Repositório para a Gestão Integrada de Processos

A gestão integrada de processos (IPM) [9] é um repositório que organiza os modelos de processos empresariais através do seu ciclo de animação. A GIP facilita a função mais importante e preliminar de armazenar modelos de processos empresariais no repositório e de os recuperar a partir do repositório.

Além disso, assegura o controlo de versões dos exemplos de operações comerciais e a sua gestão da configuração. O repositório IPM também oferece amplas facilidades para armazenar modelos de processos empresariais e depois recuperá-los do repositório IPM. Além disso, o MIP fornece uma linguagem de consulta que permite armazenar e recuperar modelos de processos do repositório. Esta funcionalidade é conhecida como IPM Process Query Language (IPM-PQL) [10].

A linguagem de consulta de processos IPM (IPM-PQL) é uma linguagem de consulta baseada no conhecimento bem estabelecida. A fim de inquirir sobre alguns processos específicos de um repositório, que têm uma atividade muito específica e transições específicas de acordo com o problema, a IPM-PQL fornece apoio completo para recuperar esses processos. Também é possível navegar por modelos de processos empresariais de determinada classificação.

O repositório IPM oferece três funcionalidades principais de gestão:

- Gestão do ciclo de vida do modelo de processo empresarial
- Controlo de versões de todos os modelos de processos empresariais
- Gestão da configuração de modelos de processos empresariais

A gestão do ciclo de vida implica basicamente garantir que todos os modelos de processos empresariais passem por estados pré-determinados durante o seu ciclo de vida. Durante a fase de conceção, a gestão do ciclo de vida fornece informações sobre o seu estado "em conceção", se os modelos de processos empresariais cumprirem todos os requisitos, esse estado é designado por "validado" e, finalmente, quando um processo empresarial validado é funcional, esse estado é designado por "em funcionamento".

O controlo de versões é uma função importante através da qual é possível manter a versão dos modelos de processos empresariais. A gestão da configuração assegura e mantém o registo das alterações efectuadas em cada modelo de processo empresarial.

2.2As colecções existentes

A secção 2.1 foi dedicada à compreensão dos tipos e caraterísticas dos repositórios, incluindo a forma como estes se comportam e os modelos de processos de armazenamento/recuperação. Agora, na secção 2.2 do capítulo 2, será explorado o tipo de dados atualmente armazenados nos repositórios.

2.2. 1Recolha de dados APROMORE

O Apromore, um repositório de código aberto, fornece muitas funções úteis para a gestão de processos empresariais, tais como o armazenamento de vários modelos de processos linguísticos BPMN, EPC e YAWL, etc.

O Apromore é um repositório baseado em plug-ins e armazena modelos de processos com a ajuda de um canonizador. Pode ter praticamente qualquer tipo de modelo em qualquer língua, uma vez que armazena modelos de processos na sua própria forma canónica desenvolvida. Proporciona aos utilizadores uma maior flexibilidade para comparar processos de diferentes línguas entre si.

2.2.2 Recolha de dados do Manual do MIT

Uma das ideias básicas que motivou o desenvolvimento do manual de processos do MIT foi a de desenvolver um método para ajudar a redesenhar os processos das organizações de uma forma mais sistemática. O manual do MIT tem muitos modelos de processos armazenados porque, essencialmente, é uma coleção descritiva de modelos de processos e, por isso, contém apenas descrições de modelos de processos.

2.2.3Recolha de PAE

A SAP tem muitos modelos de processos (quase 6000) na sua coleção. A SAP mantém todos os modelos de processos nas cadeias de processos orientados por eventos (EPC). A SAP é, de longe, a coleção de modelos de processos mais trivial até à data.

2.2. 4Modelos sintéticos

Z. Yan et al propuseram colecções de modelos sintéticos. Estas colecções são baseadas na coleção de modelos de processos SAP. Os modelos sintéticos são a versão alargada da coleção de processos SAP. Os modelos sintéticos são o resultado da multiplicação da coleção de processos SAP.

2.3Limitações das colecções existentes

2.3.1APROMORE Limitações:

- Não é uma coleção autónoma
- Armazena dados na forma canónica
- Não pode ser designada como uma coleção específica de uma língua

2.3.2 Limitações do Manual do MIT :

- Não contém modelos de processos
- Apenas oferece descrições de modelos de processos
- Não pode ser comparado com quaisquer outras colecções de processos

2.3. 3Limitações da recolha de PAE

- Dos 6000 modelos de processos da SAP, apenas 600 são triviais
- Os modelos de processos completos da SAP não são comparáveis com qualquer outra coleção

2.3.4 Limitações dos modelos sintéticos

- Todos os modelos de processo são artificiais
- De facto, estes processos não são triviais
- Múltiplos da coleção de processos SAP

Capítulo 3

A Coleção de Modelos de Processo

O processo de geração de conjuntos de dados

A criação de um conjunto de dados é um procedimento passo-a-passo, que envolve seis passos básicos para chegar ao fim da criação de um conjunto de dados sólidos.

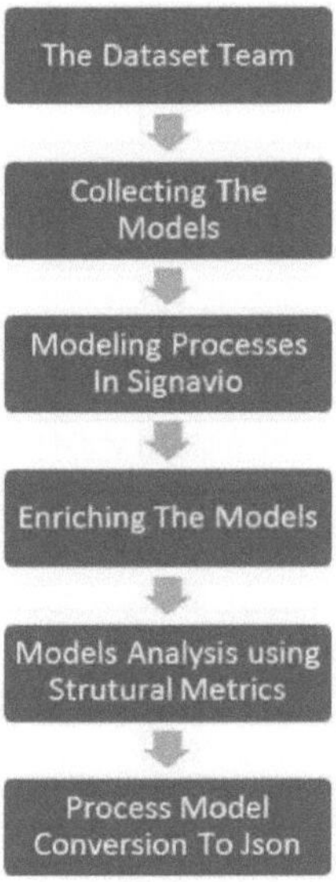

Figura 1: As etapas da geração de dados

Os seis passos básicos necessários para a geração de dados estão representados na Figura 1. Todos os aspectos foram definidos em pormenor e são também incluídas breves experiências em cada secção abaixo. Comecemos pelo primeiro passo, que é a formação da equipa para gerar o conjunto de dados.

3.1 A equipa do conjunto de dados

Uma equipa de investigadores e supervisores é obrigatória para o processo de geração de conjuntos de dados, porque a equipa serve de mecanismo de apoio ao processo. Assim, organizámos uma equipa de três investigadores e três supervisores.

Há vários processos ricos envolvidos desde a geração de dados até à experimentação e a cada membro da equipa foi atribuída uma função de acordo com os seus conhecimentos e competências. O quadro 1 apresenta o papel de cada participante.

Quadro 1: Os papéis dos participantes

Researcher	supervisor	Expertise
R1	S1	Experts in BPM
R2	S2	Expert in corpus generation
R3	S3	Expert in query processing

A formação da equipa e a composição dos seus membros são apresentadas no quadro acima. Foi necessária uma equipa porque o nosso problema não era de um único domínio e precisávamos de ter a bordo diferentes peritos de diferentes áreas. Tal como apresentado no quadro 1, o investigador um e o supervisor um são os peritos em modelação de processos empresariais. Serão responsáveis pela criação de um procedimento e pela resolução das complexidades relacionadas com a modelação de processos empresariais. O investigador dois e o supervisor dois são peritos na criação de corpus e ocupar-se-ão das regras e regulamentos relativos ao conjunto de dados e à produção de um conjunto de dados flexível e funcional.

A criação do corpus e a avaliação do conjunto de dados de acordo com as diretrizes estabelecidas para a modelação do processo empresarial serão também realizadas pelo investigador dois e supervisionadas pelo supervisor dois. A terceira dupla é constituída por especialistas em processamento de consultas em diferentes modelos de processos. Existem diferentes tipos de técnicas de correspondência, como a correspondência de etiquetas e a correspondência estrutural para o processamento de consultas, e o investigador três e o supervisor três dominam todas as etapas de correspondência dos modelos de processos de diferentes formas.

A Tabela 2 descreve as tarefas realizadas por cada participante/investigador na geração do conjunto de dados.

O Quadro 2 explica que o investigador um efectuou a modelação do processo numa ferramenta em linha, o Signavio, e modelou o processo utilizando as orientações completas sobre a modelação do processo. Por conseguinte, efectuou o enriquecimento do processo, bem como a conversão do modelo de processo para o formato json, porque a experimentação é conveniente neste formato. O segundo investigador, que é o perito em geração de corpus, recolheu todos os modelos de processos de diferentes fontes e, em seguida, efectuou a modelação utilizando as orientações adequadas. Após a geração da coleção de modelos de processos, efectuou uma análise da coleção utilizando métricas estruturais e identificou as deficiências da coleção, tendo tomado as medidas necessárias para as eliminar. O investigador três efectuou a correspondência automática de consultas e a conversão de todos os conjuntos de dados no formato json.

Quadro 2: Tarefas realizadas por cada investigador

Researcher	Collecting the models	Molding process in signavio	Enriching the models	Process model analysis using structural metrics	Process model conversion to json
R1		✓	✓		✓
R2	✓	✓	✓	✓	
R3		✓			✓

3.2 Recolha dos modelos

A criação de um conjunto de dados não é uma tarefa fácil para qualquer investigação específica e compreendemos que uma melhor recolha de dados só pode resultar num melhor conjunto de resultados. Para escrever uma norma GOLD, necessitámos de um conjunto de dados conveniente para realizar experiências sérias. Há várias etapas envolvidas no nosso processo de recolha de dados. Em primeiro lugar, determinámos os modelos de processo a partir de diferentes motores de busca, volumes, artigos de investigação e muitas outras fontes. Na fase de recolha de dados, não decidimos a linguagem que iríamos utilizar na nossa recolha e, para tomar esta decisão, recolhemos modelos em diferentes linguagens (YAWL, BPMN, EPC, BPEL, etc.).

Foram encontrados muitos desafios ao longo do processo para reunir um conjunto completo de modelos de processos que produzissem efetivamente algo. Isto significa que qualquer processo que não ofereça um resultado era inútil para nós e precisávamos apenas de modelos de processos aplicáveis. Na primeira fase, recolhemos 400 modelos de processos que pareciam significativos. No entanto, havia uma série de problemas nessa coleção, como o facto de esses 400 modelos de processos serem imagens que não eram convertíveis em qualquer outro formato e não podíamos fazer quaisquer experiências com imagens. Além disso, os 400 modelos de processos não estavam todos na mesma língua.

Após a recolha de 400 modelos de processos (a maioria dos quais eram imagens), realizámos mais algumas tarefas para tornar os dados adquiridos úteis. Temos de selecionar uma única língua na qual possamos construir uma coleção. Para esse efeito, começámos a analisar diferentes línguas para descobrir qual seria a mais conveniente para o nosso problema.

O quadro 3 descreve a composição da nossa coleção de imagens de modelos de processo.

Tabela 3: A composição dos nossos modelos de processo de recolha de imagens

Language Name	No of Processes
BPMN	200
EPC	100
Petri Nets	60
YAWL	40
BPEL	NILL
UML	NILL

Como mostra a Tabela 3, obtivemos um maior número de imagens BPMN e, assim, concluímos a nossa pesquisa de exploração da literatura sobre a comparação entre diferentes linguagens porque a escolha final foi evidentemente BPMN.

Tabela 4: Comparação entre os padrões de fluxos de controlo de wohed et al, 2006

No	Patterns	BPMN	EPC
1	Sequence	+	+
2	Parallel Split	+	+
3	Synchronization	+	+
4	Exclusive Choice	+	+
5	Simple Merge	+	+
6	Multiple Choice	+	+/-
7	Synchronizing Merge	+/-	+/-
8	Multiple Merge	+	+
9	Discriminator	+/-	-
10	Arbitrary Cycles	+	+
11	Implicit Termination	+	+
12	Multi Instances without Synchronization	+	-
13	Multi Instances with a priori Design Time Knowledge	+	-
14	Multi Instances with a priori Runtime Knowledge	+	-
15	Multi Instances without a priori Runtime Knowledge	+	-
16	Deferred Choice	+	-
17	Interleaved Parallel Routing	+/-	-
18	Milestone	-	-
19	Cancel Activity	+	-
20	Cancel Case	+	-
20	**20**	**16(+)3(+/)1(-)**	**7(+)3(+/-)10(-)**

A BPMN é a única linguagem padrão OMG disponível que oferece mais fluxos de trabalho do que qualquer outra linguagem e é uma das linguagens mais suaves e expressivas do que qualquer outra [BPMN: An introduction to the standard]. A única coisa que nos desconcertava estava relacionada com a correlação entre EPC (Event Driven Process Chains) e BPMN, razão pela qual a maioria das colecções, por exemplo, a coleção SAP, foi construída em EPC. Começámos então a comparar EPC com BPMN para perceber que linguagem seria mais útil para o nosso problema?

A Tabela 4 indica os pontos de comparação entre EPC e BPMN. A fonte desta tabela é o livro "On the Suitability of BPMN for Business Process Modeling" de Wohed et al [11].

O quadro 4 quase resolveu o nosso problema de seleção da linguagem, porque decidimos manter a BPMN. Foram várias as razões subjacentes a esta seleção, sendo as principais o facto de não existirem colecções públicas disponíveis na BPMN e, em segundo lugar, a BPMN suportar mais padrões de fluxo do que a EPC.

Após a seleção da língua, voltámos a analisar os nossos dados de imagens recolhidos e extraímos modelos mais úteis e convertíveis. Extraímos modelos de processos mais úteis de um conjunto completo de imagens. Após o processamento da extração de modelos, iniciámos o processo de conversão de dados (conversão de imagens para BPMN). Não podíamos simplesmente mapear os dados das imagens para uma linguagem de modelação porque as imagens não podiam ser copiadas tal como estão; por isso, retirámos cenas dessas imagens e criámos os modelos de processos com diferentes cenários definidos nessas imagens.

Deparámo-nos imediatamente com o problema de saber qual a ferramenta a escolher para a criação de modelos. A seleção da ferramenta foi, de facto, uma tarefa muito difícil para nós quando começámos a pesquisar ferramentas. Precisávamos de uma ferramenta que pudesse gerar os modelos e exportá-los em diferentes formatos de dados (XML BPMN JSON).

3.3Modelagem de processos no Signivio

Explorámos diferentes fontes de literatura para descobrir qual a ferramenta a aplicar. Precisávamos de uma ferramenta de fonte aberta, que pudesse manter a coleção de modelos, converter modelos em diferentes formatos de dados e que fosse baseada na Web, de modo a podermos aceder facilmente à nossa coleção a partir de qualquer lugar. Efectuámos uma análise das várias ferramentas disponíveis. O quadro 5 mostra as opiniões do público sobre as melhores ferramentas de fonte aberta para modelação. A tabela baseia-se no inquérito realizado por Michele Chinosi et al [12].

Tabela 5:Melhor ferramenta de código aberto para modelação BPMN 2.0

Modeler	All Data Results
Bonita	16.67%
Signavio	16.67%
BizAgi	11.11%
Trisotech	11.11%

A análise resolveu o nosso problema e decidimos começar a trabalhar com o Signavio. O Quadro 5 tem duas colunas; a primeira coluna enumera as diferentes ferramentas de modelação e a segunda coluna apresenta os valores dos resultados dos dados, que favorecem claramente o Signavio, porque é muito fácil de utilizar e é uma aplicação Web baseada na nuvem. Estávamos a trabalhar em grupo, pelo que precisávamos de acesso remoto à nossa coleção de modelos de processos. Criámos 150 modelos de processos significativos utilizando o signavio a partir da nossa coleção de imagens e começámos a fazer experiências com esses 150 modelos de processos convertidos em BPMN.

3.4Enriquecimento dos modelos

A modelação de processos não foi uma tarefa fácil porque é bastante complicado gerar processos normalizados. Era realmente importante ter modelos sem erros na nossa coleção, para o que seguimos as Sete Diretrizes de Modelação de Processos (7PMG) de Jan Mendling et al [13]. Os modelos foram verificados quanto à consistência dos erros/correção e foram devidamente enriquecidos ou não e se as orientações de processo/modelação são acompanhadas ou não [Seven Process Modeling Guidelines (7PMG)]. A Tabela 6 apresenta o inquérito e as diretrizes de modelação de processos que seguimos para a nossa recolha. Aplicámos cada uma das diretrizes discutidas nesta secção para tornar a nossa coleção mais clara e padronizada.

Quadro 6: Diretrizes de modelação utilizadas na recolha de conjuntos de dados

Modeling guidelines	Type of modeling	
	Specific	Specific to
Use one start and one end event	✓	✓
Each split gateway must have its subsequent join	✓	✓
Each corresponding gateway type should be same	✓	✓
Arcs and gateways should not be labeled	✓	
Each activity must have one incoming and one	✓	✓
Loops should be avoided	✓	✓
Each activity must be labeled	✓	✓
Each arc must have its target or source	✓	
Use pools and lanes	✓	
Use only 1 pool and at least one lane	✓	
Arcs/activities/gateways should not overlap	✓	✓

Diretrizes de modelação Implementação Na nossa coleção.

O Quadro 6 contém 11 diretrizes de modelação e mostra claramente como estas 11 diretrizes foram e o que acontece se não o fizermos. Seguem-se alguns exemplos com a respectiva sequência.

3.4.1Utilizar um evento de início e um evento de fim

Esta diretriz descreve que um modelo de processo deve ter apenas um evento de fim e um evento de início, uma vez que mais do que um evento de fim e um evento de início criam confusões e geram erros. As figuras 2 e 3 mostram os modelos corretos e incorrectos de acordo com esta diretriz.

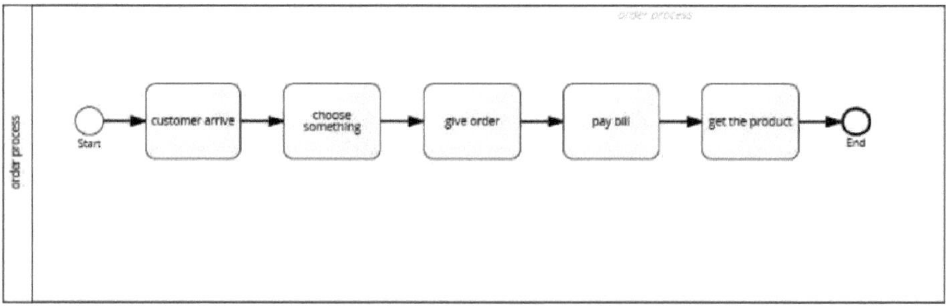

A Figura 2 mostra que os modelos de processo seguiram corretamente a orientação de um fim e um início.

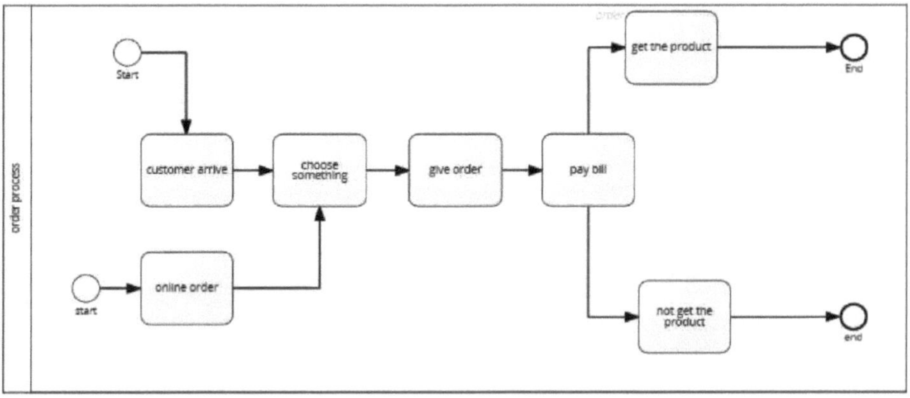

Figura 3: Modelo de processo que não segue as diretrizes adequadas

A Figura 3 mostra claramente que o processo tem mais do que um estado de fim e de início. Por conseguinte, esta diretriz não é aceitável na maioria das ferramentas, uma vez que cria ambiguidade no cenário, como por exemplo onde começar e onde terminar o processo, tornando assim o modelo ambíguo.

3.4.1Cada porta de ligação separada deve ter a sua junção subsequente

Cada divisão tem de ter a sua junção, caso contrário cria incompatibilidades de conectores e as incompatibilidades não são satisfatórias na maioria das ferramentas e práticas de modelação. As figuras 4 e 5 mostram os modelos de processo corretos e não correspondentes.

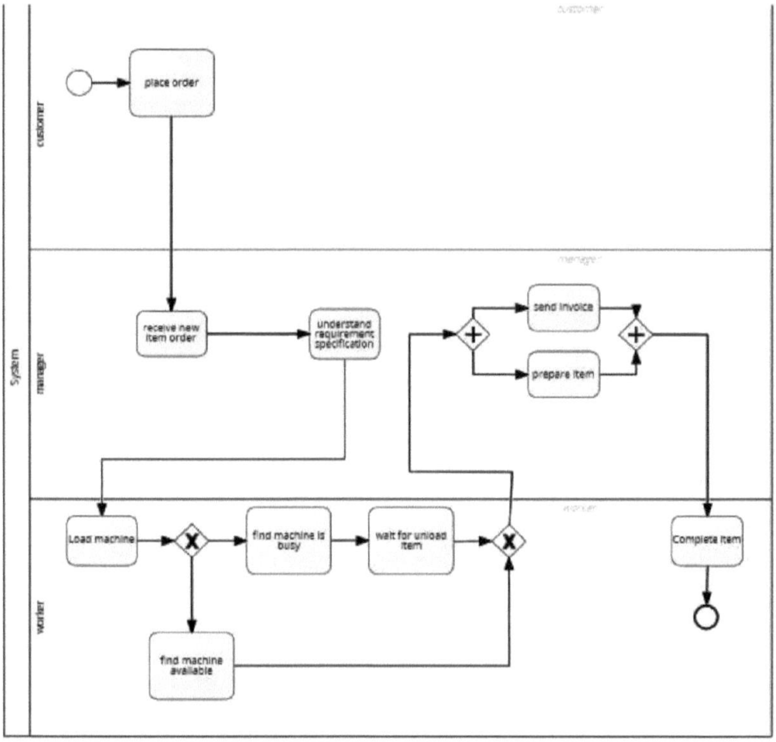

Figura 4:Cada divisão tem a sua junção

A Figura 4 mostra que existem 2 portas xor e 2 portas AND utilizadas no modelo de processo. Cada divisão xor tem a sua junção e cada divisão AND também tem a sua junção. Por conseguinte, não há incompatibilidades neste modelo de processo.

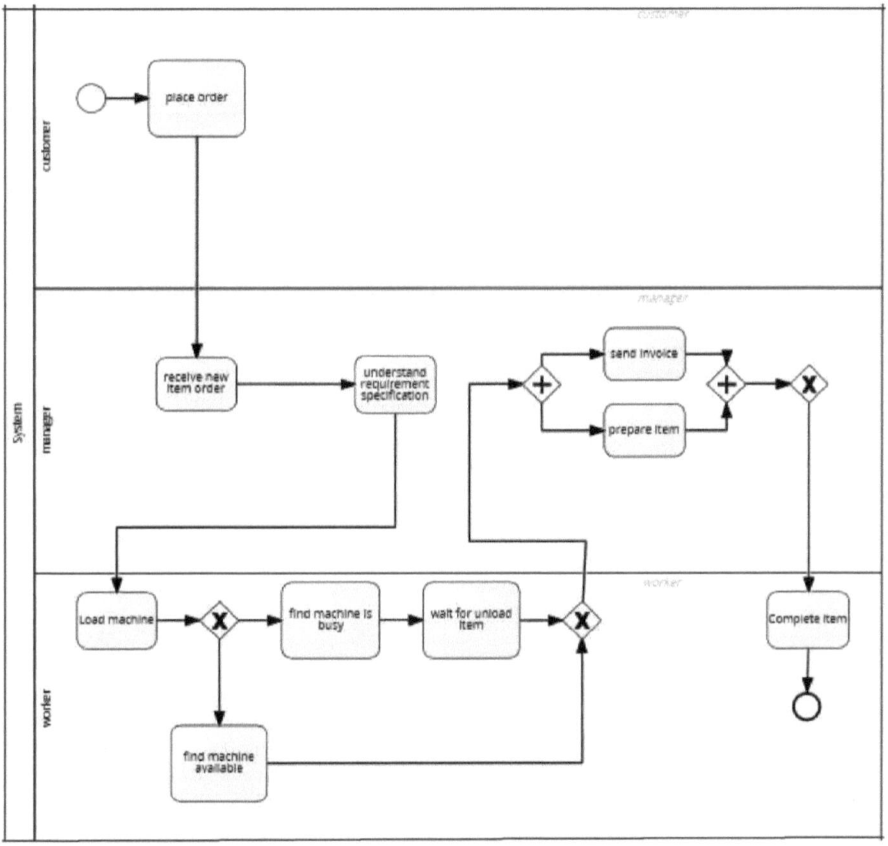

Figura 5: Incompatibilidade no modelo de processo

A Figura 5 mostra um descompasso no modelo do processo. Existem 5 portas utilizadas no modelo do processo e, evidentemente, a última divisão XOR não possui a sua junção, o que causa a incompatibilidade do conetor.

5.4.3Cada tipo de porta de ligação correspondente deve ser o mesmo

Cada gateway deve ter o tipo correspondente; XOR split deve ter XORjoin e AND spilt deve ter E participar no acordo. As figuras 6 e 7 mostram os exemplos para esta orientação.

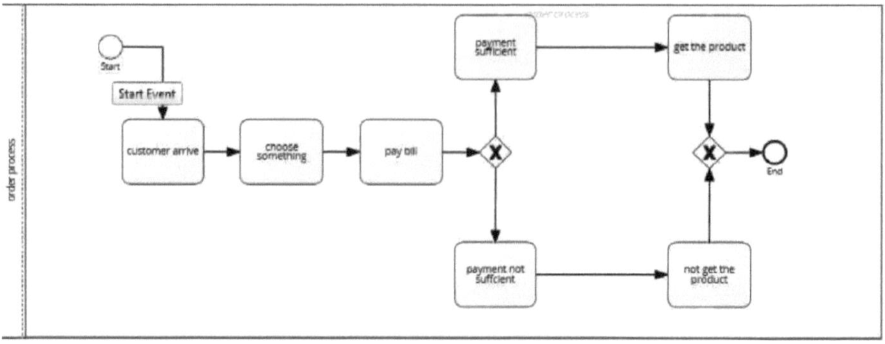

Figura 6: Cada tipo de gateway correspondente é o mesmo

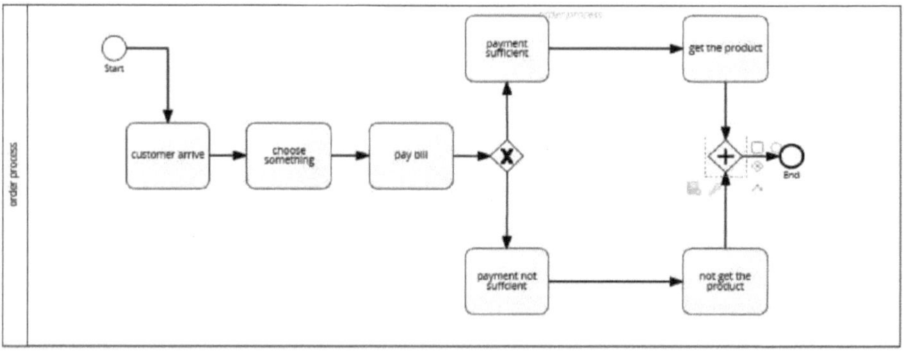

Figura 7: Cada tipo de gateway correspondente não é o mesmo

A imagem 7 prova que existe XOR split e ANDjoin na sua correspondência, o que é um erro e não é acompanhado por nenhum modelador.

5.4.4Os arcos e as portas não devem ser etiquetados

Esta é a diretriz adoptada pela maioria das ferramentas, mas não serve como diretriz padrão para a modelação de processos empresariais. Esta diretriz é específica da ferramenta e não da norma. Os arcos e as portas não devem ter etiquetas, porque se começarmos a etiquetar cada porta e cada arco, o trabalho torna-se muito complicado. As Figuras 8 e 9 mostram a diferença entre as instâncias do modelo de processo rotuladas e não rotuladas.

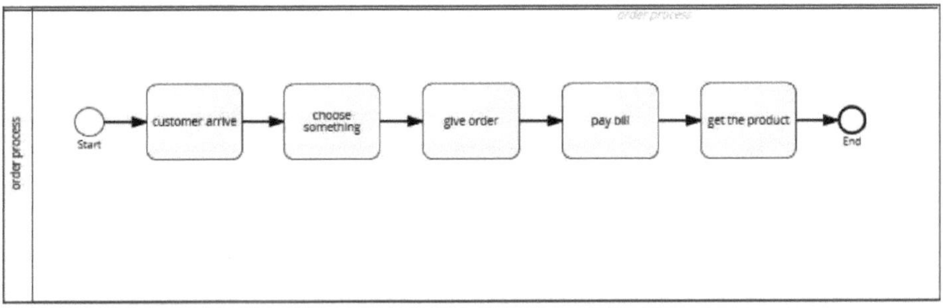

Figura 8:Arcos e gateways não identificados

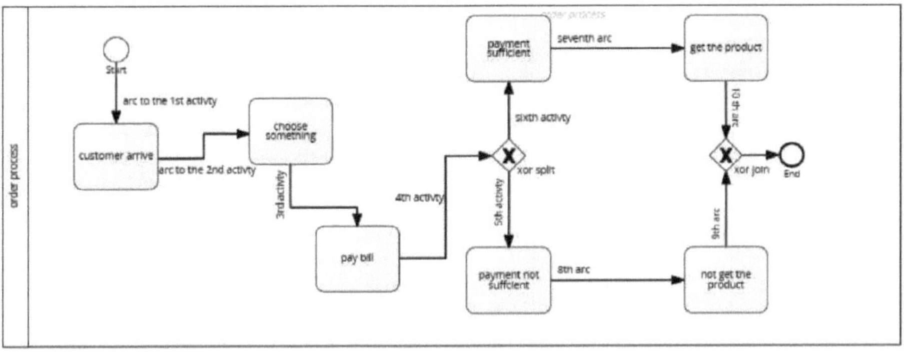

Figura 9: Os arcos e as portas estão identificados

A Figura 9 mostra claramente que cada arco e cada porta estão etiquetados, o que não é uma boa prática de acordo com as normas nem com qualquer ferramenta.

3.4.5Cada atividade deve ter uma extremidade de entrada e uma extremidade de saída

A diretriz diz que deve haver um arco de entrada e um arco de saída de uma única atividade. Mais do que um arco de entrada ou de saída dentro de uma única atividade cria erros e não é acompanhado por nenhuma ferramenta de modelação. As figuras 10 e 11 mostram os modelos de processo em que esta diretriz foi seguida e não foi seguida.

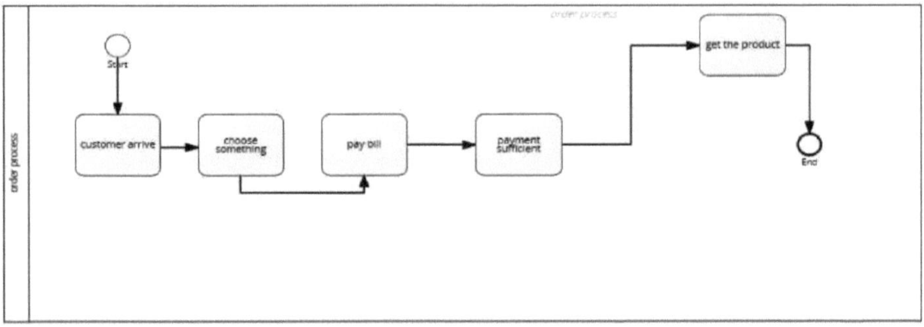

Figura 10: Cada atividade tem um arco de entrada e um arco de saída

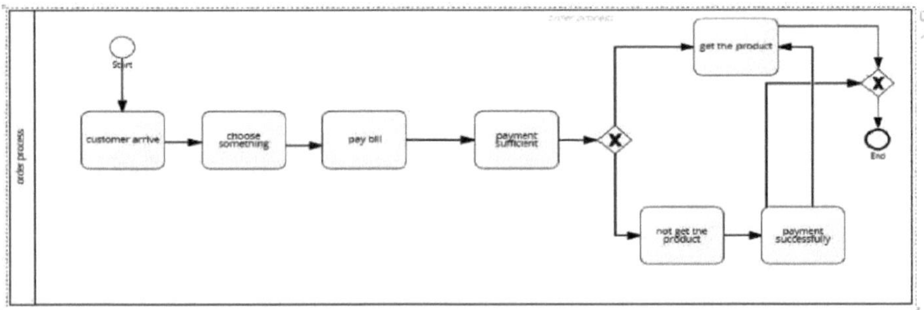

Figura 11: As actividades têm mais do que um arco de entrada e um arco de saída.

A Figura 11 indica que a atividade "Obter produto" recebe dois arcos de entrada e um arco de saída e a atividade "Pagamento bem sucedido" tem um arco de entrada e dois arcos de saída, o que mostra que os modelos de processo ignoram a diretriz.

5.4.6Os loops devem ser evitados

Os loops não são bons para a representação de dados; os loops criam dificuldades para compreender o fluxo de dados. Por conseguinte, os loops devem ser evitados em todos os modelos de processos. A Figura 12 mostra um ciclo num modelo de processo, o que dificulta a sua compreensão.

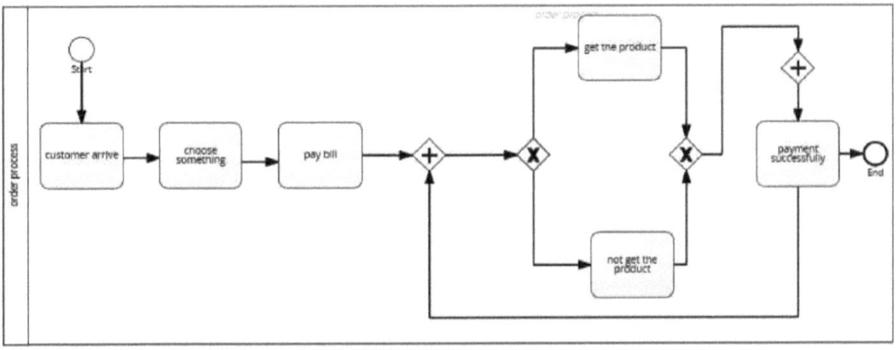

Figura 12: Loop num modelo de processo

O ciclo da Fig. 12 é o ciclo existente entre a atividade "Pagamento bem sucedido" e a atividade "Pagar fatura". Este ciclo pode tornar este processo infinito, que só termina quando o pagamento é recebido com êxito; caso contrário, repete-se uma e outra vez. Os loops devem ser evitados para reduzir o perigo de processamento em tempo infinito, a operação deve terminar e começar a tempo e quando necessário.

3.4.7Cada atividade deve ser etiquetada

Cada atividade deve ser rotulada porque, se uma atividade não tiver qualquer rótulo, será impossível compreender o que é essa atividade, por que razão a utilizamos e também por que razão temos de utilizar uma atividade vazia. Por conseguinte, esta diretriz estabelece que não deve haver nenhuma atividade não rotulada no modelo de processo. Uma atividade sem rótulo cria ambiguidade na compreensão do objetivo do modelo de processo. A Figura 13 mostra uma atividade não rotulada num modelo de processo.

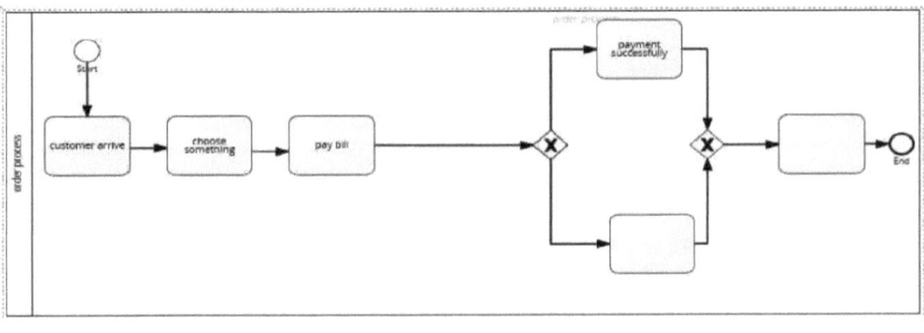

Figura 13: Actividades não rotuladas num modelo de processo

A figura 13 mostra duas actividades não identificadas e ambas criam uma grande confusão e suscitam questões como: existe algum erro no modelo ou qual é o objetivo destas duas actividades não identificadas?

No entanto, na maioria dos casos, isso acontece por engano.

3.4.8 Cada arco deve ter o seu destino ou origem

Podemos compreender esta diretriz a partir da sua etiqueta. Cada arco deve ter o seu nó de destino. Não pode haver nenhum arco pendurado num modelo de processo. A Figura 14 mostra alguns arcos pendentes no modelo de processo; é evidente que existem dois arcos pendentes ou divididos, e ambos os arcos não têm qualquer alvo, o que cria uma disjunção entre as actividades e diminui a sequência do processo.

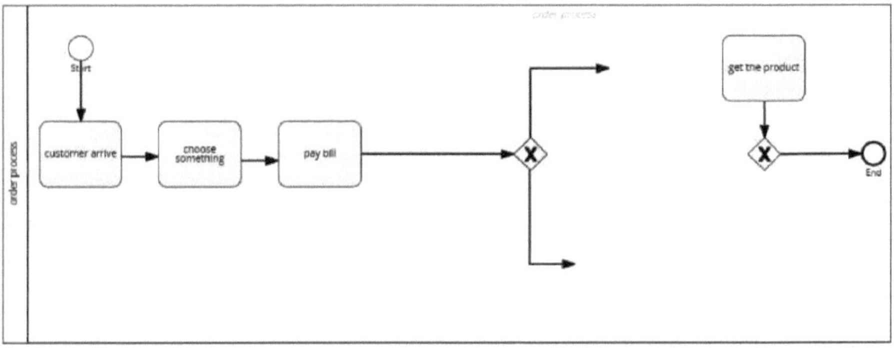

Figura 14: Arcos sem objectivos no modelo de processo

3.1.4.1 Utilizar piscinas e faixas de rodagem

A diretriz de que os pools e as lanes tornam um modelo de processo mais legível informa-nos que a utilização de pools e lanes é o bom padrão, que deve ser praticado sempre que necessário na modelação.

O processo apresentado na Figura 15 é um processo de transferência de fundos, que é convenientemente mapeado através de três vias (organizador, gestor de fundos, gestor de encomendas). O processo é facilmente compreensível devido a essas faixas. Suponhamos que o modelo de processo não tinha essas faixas, o que teria acontecido é que não teríamos compreendido tão facilmente esse modelo de processo. Assim, seguir esta diretriz aumenta a compreensibilidade do modelo de processo.

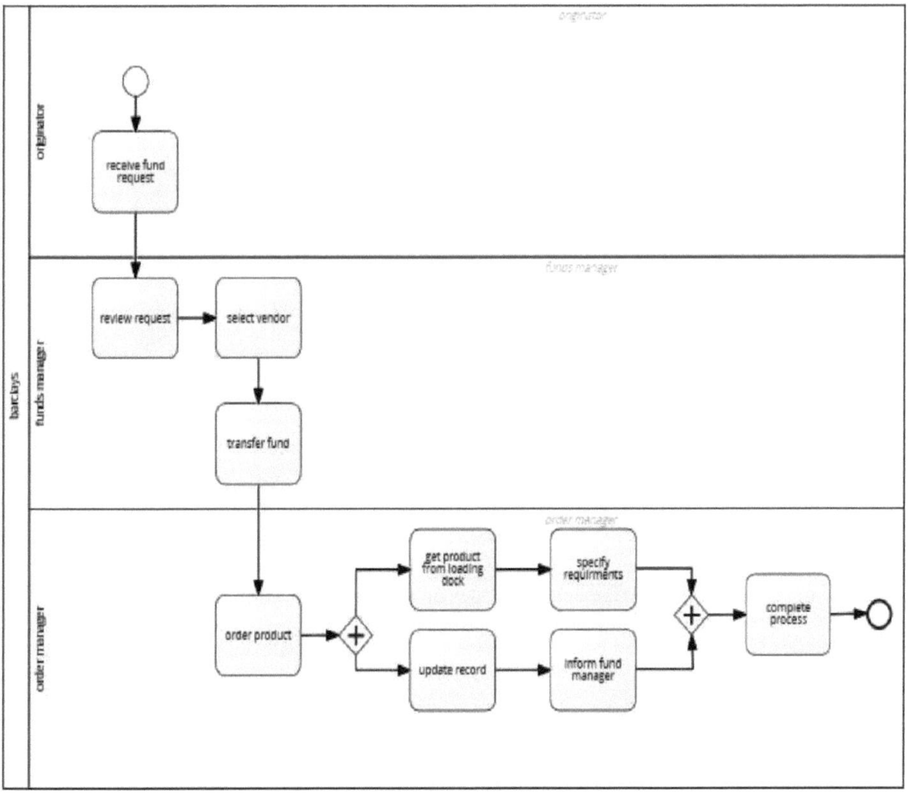

Figura 15: Modelos de processos criados através de vários pools e lanes

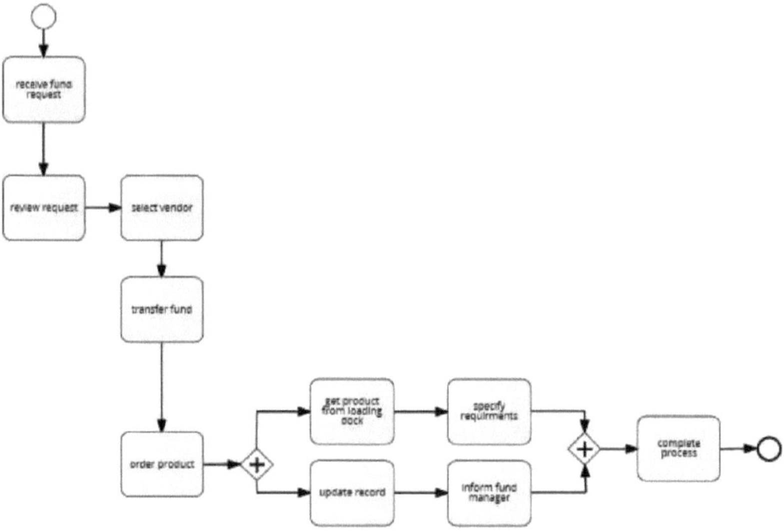

Figura 16: Os mesmos exemplos sem piscina ou pista

A figura 16 não contém corredores, pelo que não podemos decidir facilmente se este modelo de processo é um processo de transferência de fundos ou não, devido à ausência de corredores ou departamentos para compreender o processo. O nível de complexidade do processo é muito mais evidente do que no exemplo anterior com faixas. Por uma questão de legibilidade, temos de seguir esta diretriz.

3.4.9Utilizar apenas uma piscina e, pelo menos, uma faixa de rodagem

A diretriz diz que se não tivermos muitas pistas e piscinas para utilizar, então deve haver uma piscina e uma pista. A Figura 17 mostra o processo com uma pista e uma piscina. A Figura explica que o processo deve ter apenas uma piscina e uma pista, o que é aceitável, mas sem qualquer piscina e descrição o processo tornar-se-á demasiado difícil de compreender. Os utilizadores ficarão confusos em relação ao que está a acontecer no modelo de processo porque o fluxo do modelo de processo se perderia. Por conseguinte, se utilizarmos algumas piscinas e pistas ou mesmo uma piscina, todos serão capazes de compreender o que este modelo está a processar.

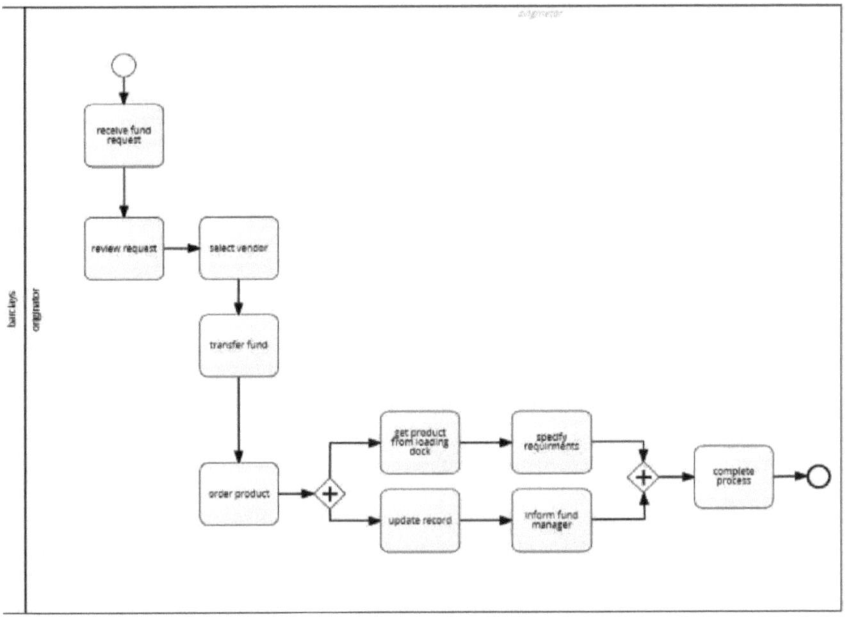

Figura 17: O processo com uma pista e uma piscina

3.4.10Os arcos/actividades/portas não devem sobrepor-se

Esta é a última diretriz da modelação de processos; um arco não deve ser sobreposto a outro arco e a mesma regra aplica-se às actividades e às portas de entrada. Se tivermos um modelo de processo com instâncias sobrepostas, não podemos compreender o modelo de processo. Se não conseguirmos compreender o objetivo do modelo de processo, a compreensão do fluxo do processo tornar-se-á impossível. A sobreposição deve ser evitada e o modelo de processo deve ser claro.

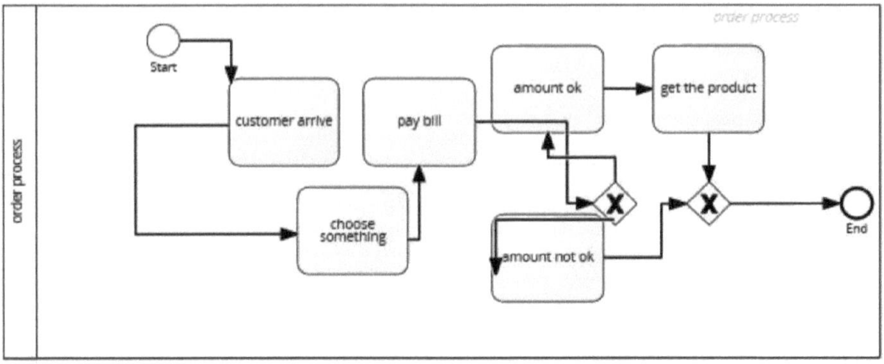

Figura 18: A sobreposição num modelo de processo

A Figura 18 mostra um modelo de processo sobreposto. Temos aqui um processo de encomenda e a sobreposição de arcos, actividades e portas é claramente evidente. A sobreposição torna este modelo de processo muito difícil de compreender, apesar do facto de este processo não ser assim tão complexo. No entanto, a sobreposição cria complexidades na compreensão.

Na fase de enriquecimento dos modelos de processo, seguimos cada orientação para tornar a nossa coleção mais compreensível e clara. Aplicámos à nossa coleção cada uma das orientações acima referidas. Com estas diretrizes, a nossa coleção tornou-se mais eloquente e compreensível.

3.5 Coleção de modelos e sua análise utilizando métricas estruturais

Na coleção, era muito necessário analisar as métricas estruturais da coleção para que a correspondência se tornasse fácil e, além disso, qualquer outro padrão pudesse ser alcançado com esses valores métricos.

Para o efeito, foram calculadas diferentes métricas estruturais. Apresentamos a seguir as matrizes estruturais utilizadas para avaliar as nossas colecções. Estas métricas foram retiradas do livro [14] ["Metrics for Process Models" de Jan Mendling].

Quadro 7: Parâmetros estruturais e fórmulas

Parameters	Formulas
Size	Total number of nodes = Size How to compute :
Diameter	The value of the longest path from a start node to an end node in the process model.
Density	Symbol = Δ
Coefficient of connectivity	The ratio of arcs to nodes. Symbol=CNC
Average degree of connectors	Symbol=DC DC= (input arcs +output arcs)to a connector
The maximum degree of a connector.	Symbol = dc dc = maximum degree of connector
separability ratio	Symbol = Π Separability is closely related to the notion of a cut-vertex (or articulation point).
sequentiality ratio	Symbol = Ξ
The connector mismatch	Symbol = MM MM(G) = MMor +MMxor +MMand
Cyclicity relates nodes	Symbol = CYC, NC= cyclic nodes, CYC = NC / N
The token split	TS = (And join + or join)-1

Tabela 8: Métricas estruturais relacionadas com eventos e portas

Parameters	Formulas
S(N)	S(N) = The total number of nodes in a process model
S(E)	S(E) = Total number of events in a process model
S(ES)	S(ES) = Total number of start events in a process model
S(EE)	S(EE) = Total number of end events in a process model
S(F)	S(F) = Total number of functions/activities in a process model
S(C)	S(C) = Total number of connectors (AND,XOR,OR) in a process model
S(C)AND	S(C)And =Total number of AND gates in a process model
S(C)XOR	S(C)XOR = Total number of XOR gates in a process model
S(C)OR	S(C)OR = Total number of OR gates in a process model
S(J)And	S(J)And = Total number of AND joins in Process models
S(S)And	S(S)And = Total Number of AND splits in a process model
S(J)XOR	S(J)XOR = Total number of XOR joins in a process model
S(S)XOR	S(S)XOR = Total number of XOR splits in a process model
S(J)OR	S(J)OR = Total number of OR joins in a process model
S(S)OR	S(S)OR = Total number of OR splits in a process model

Estas 26 métricas estruturais foram apresentadas por Jan Mendling no seu livro. Ele calculou estas métricas para EPC (Event driven process chains). Uma vez que a nossa coleção está em BPMNS, calculámos todas as métricas para a nossa coleção em cada modelo de processo. Havia 600 modelos de processos na nossa coleção e 26 métricas no total, pelo que, para a coleção completa, efectuámos 15600 cálculos cumulativos. Para compreender como efectuámos estes cálculos, vejamos um exemplo através de um modelo de processo real da nossa coleção. A Figura 19 apresenta um modelo de processo. Trata-se de um processo de reclamação.

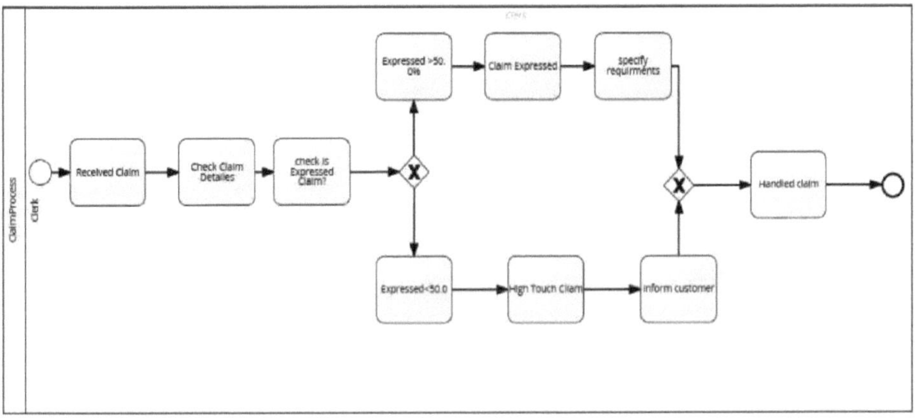

Figura 19: O modelo do processo de reclamação

A figura 19 mostra um modelo de processo. Seguem-se os cálculos efectuados para avaliar as métricas estruturais para o modelo de processo acima referido.

3.5.1Tamanho : Como calcular o tamanho de um modelo de processo?

O Quadro 7 contém fórmulas para cada métrica na primeira coluna intitulada Fórmula. Para figurar, é dado o tamanho e a fórmula é N = T U J U S. 'N' é a notação para tamanho, T significa tarefas executadas num modelo de processo e tarefas inclui eventos e actividades. 'U' significa união com junções e união com divisões, portanto, tamanho = número total de tarefas + total de junções + total de divisões utilizadas num modelo de processo.

A Figura 19 mostra um modelo de processo, que inclui 12 tarefas, 1 xor split e 1 xorjoin. Se calcularmos estes valores com a ajuda da fórmula N = 12+1+1 =14, o nosso modelo de processo terá uma dimensão de14.

3.5. 2Diâmetro: O caminho mais longo num modelo de processo

O caminho mais longo desde o nó inicial até ao nó final é designado por Diâmetro. A Figura 20 mostra o caminho mais longo do modelo de processo acima referido. Na Figura 20, a linha laranja mostra o caminho mais longo no modelo de processo de reclamação.

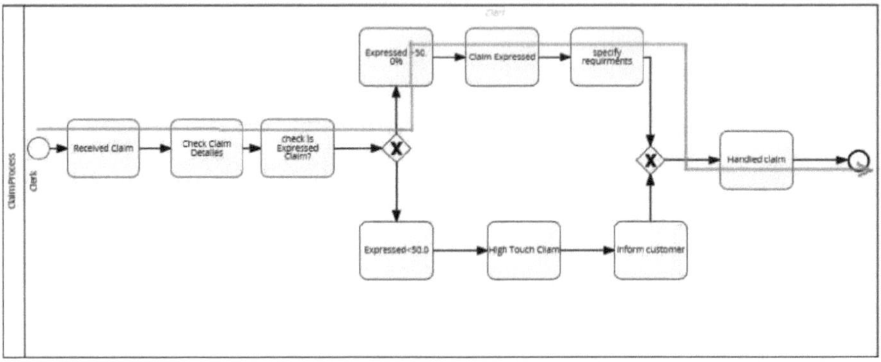

Figura 20: O diâmetro

A Figura 21 mostra um caminho do nó inicial ao nó final, que inclui 11 tarefas. Por conseguinte, o diâmetro deste modelo de processo é 11. Neste modelo de processo, existem dois percursos para chegar ao ponto final e ambos os percursos incluem o mesmo número de tarefas em ambos os sentidos. Este modelo de processo tem um diâmetro de 11, mas há certos modelos de processo que têm demasiados caminhos diferentes para chegar aos nós iniciais e finais e também muitos valores diferentes para cada caminho, mas o número máximo de tarefas que detêm o caminho chama-se Diâmetro.

3.5. 3Densidade

A fórmula para determinar a densidade de um modelo de processo é A/N (N-1) total, em que A é igual ao número total de arcos num modelo de processo e N significa o número total de nós multiplicado pelo número total de nós menos um. No nosso exemplo de processo de reclamação, temos 14 arcos e 14 nós. Se colocarmos estes valores na fórmula 14/14 (14-1) = 0,07, a densidade do processo de reclamação é 0,07.

3.5.4Coeficiente de conetividade

Coeficiente de conetividade significa o rácio de arcos para nós num modelo de processo. Calculamos os arcos para encontrar a densidade. No exemplo anteriormente mencionado, temos 14 arcos e 14 nós; a fórmula para encontrar um coeficiente de conetividade é A/N, em que A = número total de arcos e N = número total de nós, pelo que 14/14 = 1. Assim, o coeficiente de conetividade deste modelo de processo é 1.

3.5. 5Grau médio dos conectores

O grau de um conetor significa os arcos de entrada num conetor mais os arcos de saída desse conetor. O nosso processo tem 2 conectores XOR; um é XOR split e o outro é XORjoin. A Figura 19 mostra claramente que ambos os conectores têm um grau de 3, pelo que, para encontrar o grau médio de um modelo de processo, a fórmula é DC = grau de todos os conectores/número total de conectores. Ao definir os valores na fórmula 3+3/2 = 3, o grau médio deste modelo de processo é 3.

3.5.6Grau máximo de ligações

O grau de um conetor significa os arcos que chegam a um conetor mais os arcos que saem desse conetor. O nosso processo tem 2 conectores XOR, um é XOR split e o outro é XORjoin. A Figura 19 mostra que o conetor tem um grau de 3, pelo que, para encontrar o grau máximo dos conectores, temos de calcular o grau de cada conetor. Ambos os conectores têm um grau de 3, pelo que o grau máximo deste modelo de processo também é 3. Se um conetor tiver um grau de 4 e outro tiver 3, então o grau máximo seria 4 para este modelo de processo. Mas neste modelo de processo ambos os conectores têm grau 3, por isso o grau máximo é 3.

3.5. 7Rácio de Separabilidade

Para compreender em que medida um modelo de processo é separável de que nó, precisamos de dividir o modelo de processo em duas partes. O rácio entre esses nós e o número total de nós num modelo de processo é designado por rácio de separabilidade. Os nós separáveis são designados por vértices de corte e denotados por um pequeno "n". A fórmula para encontrar a separabilidade é n/N-2. No nosso caso, temos quatro nós separáveis. A Figura 21 mostra os vértices cortados no caso acima.

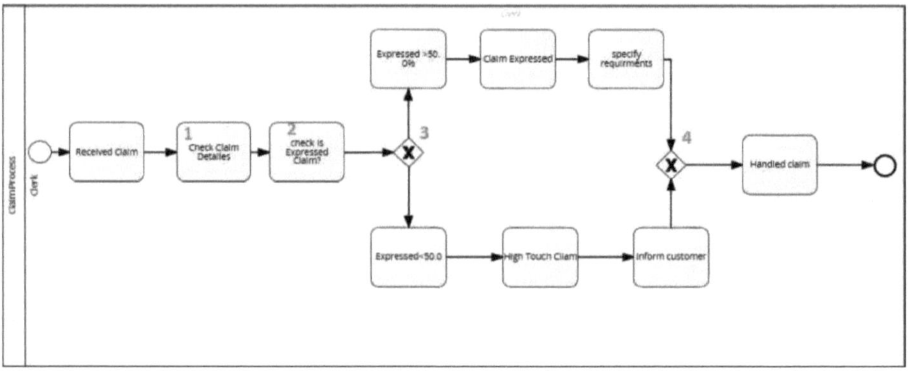

Figura 21: Os vértices cortados no exemplo anterior.

A Figura 21 indica quatro nós no modelo de processo, se observarmos com alguma paciência. Ao remover qualquer um dos nós numerados, o modelo de processo divide-se em duas partes e o número total de nós 'N' = 14, colocando estes valores na fórmula 4/14-2 = 0,33, este modelo de processo tem um rácio de separabilidade de 0,33.

1.1. 8Rácio de sequencialidade

A proporção de sequências num modelo de processo significa o quanto um modelo de processo contém sequências. Sequência significa caminhos que não possuem conectores. É o rácio entre o número de arcos utilizados em nós não conectores dividido pelo número total de arcos. O número de arcos não conectores é indicado por um pequeno 'a'. No nosso exemplo, o modelo de processo tem 6 arcos que não utilizam quaisquer conectores. Os arcos sem conectores significam que o arco vem de uma atividade e entra na atividade seguinte. Os arcos de atividade para atividade são chamados arcos não conectores. O processo do pedido contém um total de 14 arcos, pelo que, ao definir os valores na fórmula, obtemos 6/14 = 0,42. Assim, o nosso modelo de processo tem um rácio de sequencialidade de 0,42.

1.1. 9Incompatibilidade de conectores

A incompatibilidade de conectores significa que o conetor tem o mesmo número de divisões e junções. O nosso modelo de processo de exemplo utilizou dois conectores, sendo que ambos são conectores XOR. Cada divisão de um conetor deve ter a sua correspondência de junção, caso contrário, tornar-se-á uma incompatibilidade de conectores. O modelo de processo da Figura 20 mostra dois conectores, um é uma divisão e o outro é uma junção dessa divisão. É por isso que o nosso processo não tem uma incompatibilidade e o valor da incompatibilidade é zero. As incompatibilidades são contrárias às convenções de modelação e a nossa coleção não tem nenhum processo contínuo com incompatibilidades.

1.1. 10Ciclicidade

O número de ciclos num modelo de processo é calculado como a sua ciclicidade. Um processo que inclua ciclos é muito mais complexo e confuso. Por conseguinte, evitámos os ciclos na nossa coleção. O nosso processo de exemplo não contém qualquer ciclo. A Figura 12 mostra um processo que contém ciclos.

1.1. 11Divisão de Token

A divisão de tokens é representada por 'TS' e a fórmula para encontrar a divisão de tokens é TS = (And join + or join) -1. O processo de reclamação da Figura 19 não tem conetor AND e OR, pelo que o valor de andjoin para este modelo é zero e o mesmo se aplica a OR. Colocando estes valores na fórmula TS = (0+0)- 1=-1, a divisão de tokens para este modelo é -1.

1.1.12S (N)

S (N) é o número total de nós num modelo de processo. Esta métrica é equivalente ao tamanho do modelo de processo. Assim, S (N) = 14 para o processo de reivindicação.

1.1.13S (E)

Num modelo de processo, S (E) representa o número de eventos para além do evento inicial e final. Tal como referido anteriormente, "Jon Mendling" define estas métricas para o EPC e, no EPC, cada atividade é seguida de um evento, ao passo que o BPMN não utiliza este tipo de estratégia. Na nossa coleção, não foram utilizados quaisquer eventos para além dos eventos de início e de fim e o valor desta métrica é zero para a nossa coleção, razão pela qual o processo de reclamação também apresenta um número zero de eventos.

1.1.14S (ES)

S (ES) representa o número de eventos de início num modelo de processo. O número total de eventos de início é o valor desta métrica. O processo de reclamação apresentado na Figura 19 tem apenas um evento de início, pelo que S (ES) para este modelo é 1.

1.1.15S (EE)

S (EE) representa o número de eventos finais num modelo de processo. O número total de eventos de fim de processo é o valor desta métrica. O processo de reclamação apresentado na Figura 19 tem apenas um evento de fim, pelo que S (ES) para este modelo é 1.

1.1.16S (F)

O número total de funções/actividades num modelo de processo é o valor de S (F). Uma rotina de actividades que não sejam eventos e qualquer outro nó é S (F). O modelo de processo apresentado na Figura 19 contém 10 actividades. O valor de S (F) é 10 para este modelo de processo.

1.1.17S (C)

O número total de conectores no modelo de processo é designado por S(C). No nosso processo de exemplo, existem

apenas dois conectores utilizados, ambos são o XOR, pelo que o valor de S(C) é 2.

1.1.18S (C) E

O número de conectores AND num modelo de processo é o valor desta métrica. O nosso exemplo O modelo do processo não tinha qualquer porta AND, pelo que o valor desta métrica é zero.

1.1.19S C) XOR

O número de conectores XOR num modelo de processo é o valor desta métrica. O nosso exemplo O modelo de processo tem duas portas XOR, pelo que o valor de S(C) XOR é 2.

1.1.20S (C) OU

O número de conectores OU num modelo de processo é o valor desta métrica. O nosso exemplo

O modelo do processo não tinha qualquer porta OR, pelo que o valor desta métrica é zero.

1.1.21S (J) E

ANDjoins num modelo de processo é chamado S (j) AND. O nosso modelo de processo de exemplo não continha

Se não existir nenhum conetor AND, então não deve existir nenhum ANDjoin nesse modelo de processo. Assim, o valor S (J) AND deste modelo de processo é zero.

1.1.22S (J) XOR

Os XORjoins num modelo de processo são designados por S (j) XOR. O nosso modelo de processo de exemplo contém dois conectores XOR, um é XOR split e o outro é XORjoin, pelo que temos um XORjoin. O valor desta métrica é 1.

1.1.23S (J) OU

As junções OU num modelo de processo são chamadas S(j) OU. O nosso modelo de processo de exemplo não continha quaisquer conectores RUP, se não houver nenhum conetor RUP, então também não deve haver nenhuma junção RUP nesse modelo de processo. O valor S (J) OU deste modelo de processo é zero.

1.1.24S (S) E

As divisões AND num modelo de processo são chamadas S (S) AND. O nosso modelo de processo de exemplo não continha qualquer conetor AND, se não houver conetor AND então não deve haver divisões AND nesse modelo de processo, o valor deste modelo de processo de S (J) AND é zero.

1.1.25S (S) XOR

As divisões XOR num modelo de processo são designadas por S (S) XOR. O nosso modelo de processo de exemplo contém dois conectores XOR, um é XOR split e o outro é XORjoin. Por conseguinte, temos uma divisão XOR e o valor desta métrica é 1.

1.1.26S (S) OU

As divisões OU num modelo de processo são chamadas S (S) OU. O nosso modelo de processo de exemplo não continha qualquer

Se não houver nenhum conetor RUP, então não deve haver divisões RUP nesse modelo de processo. Assim, o valor S (J) OU deste modelo de processo é zero.

3. 6Conversão de modelos de processo para o formato JSON

Os modelos de processos teriam sido inúteis se estivessem em formato de imagem. Por conseguinte, para realizar experiências em colecções, os nossos processos tinham de estar num formato utilizável. O JSON (JavaScript Object Notation) é um formato padrão disponível gratuitamente, que é utilizado para enviar os dados. O JSON é largamente utilizado para a comunicação cliente-servidor. Na verdade, é uma linguagem de análise que pode ser lida por qualquer outra linguagem de programação. Convertemos todos os nossos modelos de processos para o formato JSON com a ajuda da ferramenta de modelação em linha Signavio. Após a conversão, os modelos de processos podem ser extraídos em qualquer lugar e podem ser lidos com qualquer leitor JSON. Em pouco tempo, dispúnhamos de uma coleção de modelos de processos que podiam ser utilizados e alterados com a ajuda de qualquer ferramenta de modelação que suportasse JSON.

3.7Observações sobre a recolha

Depois de analisar a nossa coleção com estas métricas, apercebemo-nos que alguns dos valores indicam uma necessidade de modificação para a tornar mais padronizada. De acordo com os resultados da análise das propriedades estruturais através de métricas como tamanho, etc., alguns dos modelos de processos foram substituídos.

Algumas das observações que nos obrigaram a introduzir alterações na nossa coleção são enumeradas a seguir.

- Havia apenas uma diferença de um e dois números de arcos e nós no modelo de processo, ou seja, se um modelo de processo tem 20 nós, deve ter 21 ou 22 arcos. Por isso, fizemos algumas alterações na coleção para corrigir esta semelhança e substituímos alguns modelos de processos para alterar esta sequência de ocorrência.

- Existem incompatibilidades de conectores em alguns modelos de processo, enquanto que, de acordo com as diretrizes

  deve ser zero, pelo que eliminámos as incompatibilidades da coleção.

- O grau médio dos conectores é de 3 para cada modelo de processo e criámos alguns modelos de processo em que o valor muda de 3 para 3,5

- O grau máximo de conectores e o grau médio de conectores apresentam o mesmo valor para cada modelo de processo. Assim, devido ao mesmo valor, foram substituídos mais alguns processos para o repositório, o que tem uma diferença no grau máximo e no grau médio.

3.8Síntese dos modelos recolhidos

Uma coleção de processos deve incluir todos os tipos de dados, tais como os baseados em etiquetas, em estruturas e em comportamentos. Isto implica que necessitámos de um conjunto de dados com mais do que um processo da mesma construção e etiquetas diferentes. Além disso, precisávamos de um processo com um sistema social diferente e algumas etiquetas mais detalhadas. Para tal, efectuámos revisões de dados no conjunto de dados, gerando cópias próximas, revisões ligeiras e revisões pesadas [Criar um corpus de textos académicos plagiados]. A estrutura do modelo é detalhada a seguir.

Quadro 9: A estrutura do modelo

	Structural	Behavioral	Label based
Exact	No	No	No
Near copy	No	No	Yes
Light revision	No	No	Yes
Heavy revision	Yes	No	Yes
We don't accept any exclusions in our dataset that's why we don't need any behavioral modification in the dataset as discussed in the above paragraph.			

O nosso objetivo é desenvolver um corpus de modelos de processos de negócio que contenha modelos de processos com várias caraterísticas, sendo um procedimento multi-fase, que inclui várias fases, nomeadamente

(1) Pesquisa e seleção: Nesta parte, procurámos modelos de processos em diferentes fontes (livros, artigos de investigação, Internet, bibliotecas, etc.) e selecionámos modelos significativos a partir dos dados pesquisados.

(2) Desenhar e programar: Os dados selecionados estavam em formato de imagem, e as imagens não são úteis para qualquer experiência. Por isso, desenhámos os dados em formato BPMN e gerámos ficheiros xml para podermos realizar facilmente experiências com eles.

(3) Formação da equipa: Neste aspeto, utilizámos uma abordagem sistemática e isenta de qualquer tipo de preconceito. A nossa equipa era constituída por três investigadores (R1, R2, R3) responsáveis pela execução de todas as acções relacionadas com a criação da coleção e um conselho consultivo responsável pelo levantamento e garantia de qualidade.

Inicialmente, foram recolhidos vários modelos de processos de várias fontes e experiências. Há várias etapas envolvidas, que são definidas a seguir:

- A recolha de dados foi a primeira tarefa da recolha. Para o efeito, foram consultadas várias fontes, como livros, web, artigos de investigação, etc., e os dados foram recolhidos em formato de imagem.

- Uma vez que as imagens não são ideais para experiências, convertemos os dados recolhidos num formato BPMN relativamente útil através de uma aplicação Web Signavio.
- A razão subjacente a esta conversão foi o facto de a BPMN ser uma norma OMG e os repositórios não estão disponíveis na BPMN
- Verificámos os nossos modelos quanto a erros lógicos/correção e improvisámo-los ainda mais. Este foi um processo em duas fases;
   a) Verificámos se as orientações relativas ao processo/modelação são seguidas ou não [Seven Process Modeling Guidelines (7PMG)].
   b) Verificámos se está disponível no Henrik Leopold, uma ferramenta de conversão textual.

Durante o processo de transição, identificámos também algumas orientações/constrangimentos adicionais para a conversão em texto, tais como a ausência de iterações.

3.9 Revisões dos modelos de processo

A utilização de diferentes tipos de variantes numa coleção é um requisito essencial. Assim, efectuámos revisões na coleção, incluindo cópia próxima, revisões ligeiras e revisões pesadas. As cópias próximas e as revisões ligeiras são efectuadas para garantir a correspondência das etiquetas, uma vez que necessitávamos de um grande número de variantes de etiquetas. Embora a renomeação de etiquetas também tenha sido efectuada durante a revisão pesada, esta última é bastante extensa, uma vez que, para além da correspondência de etiquetas, também compensa a correspondência estruturada. Os pormenores das revisões são os seguintes:

- Quase cópia: Como o nome sugere, esta revisão requer que os participantes façam algum tipo de alterações na etiqueta das actividades dos modelos de processo, como a mudança de sinónimo.

- Revisão ligeira: O participante altera os rótulos das funções corporais dos modelos de forma muito mais elaborada. Por exemplo, a mudança pode ser sinónima ou sentencial ou ambas.

- Revisão Pesada: Os participantes alteram os modelos de processo de todas as formas, tais como as alterações estruturais e gramaticais do modelo. As alterações gramaticais incluem a mudança de rótulo nas actividades, enquanto as alterações estruturais incluem a remoção/adição de portas, actividades, vias e arcos.

Eram necessários resultados mais variados e autênticos e, por isso, envolvemos vários participantes para evitar preconceitos humanos (RI, R2 e R3). Diferentes investigadores efectuaram diferentes partes da revisão. Nenhum dos investigadores efectuou uma única revisão.

Foram efectuados três tipos de revisões no conjunto de dados. Os pormenores de cada uma são apresentados abaixo:

Quadro 10: As revisões efectuadas pelos investigadores

Researcher\Revision type	NC	LR	HR
R1	1-75		75-150
R2		75-150	1-75
R3	75-150	1-75	

3.9. 1Cópia próxima

A quase cópia requer apenas a legendagem das etiquetas das actividades realizadas por diferentes participantes. Na cópia próxima, apenas a palavra muda com as palavras, enquanto o significado e o sentido da atividade permanecem os mesmos. Podemos dizer que se trata de uma mudança de sinónimo. A cópia próxima foi efectuada para todas as actividades do conjunto de dados. A Tabela 11 apresenta alguns exemplos de revisões de quase-cópia.

Tabela 11: Exemplo de cópia próxima

P Name	Activity#	Revision type	Activity Labels	Insertion	Deletion	Synonym	Reording
P76	A1	Exact	create overtime registration	0	0	0	0
P76	A1	Near Copy	make enrollment for extra time	1	0	3	1
P76	A2	Exact	send overtime registration to manager	0	0	0	0
P76	A2	Near Copy	give enrollment to manager about the overtime	1	0	2	1
P76	A3	Exact	receive request	0	0	0	0
P76	A3	Near Copy	demand is received	1	0	1	1
P76	A4	Exact	evaluate overtime registration	0	0	0	0
P76	A4	Near Copy	calculate the enrollment for overtime	1	1	2	1
P76	A5	Exact	approve request	0	0	0	0
P76	A5	Near Copy	demand is accepted	1	0	2	1
P76	A6	Exact	inform confirmation to employee	0	0	0	0
P76	A6	Near Copy	acknowledges the employee about the details	2	1	2	1
P76	A7	Exact	decline request	0	0	0	0
P76	A7	Near Copy	appeal is rejected	1	0	2	1
P76	A8	Exact	return overtime registration to employee	0	0	0	0
P76	A8	Near Copy	enrollment to employee is answered	1	1	2	1
P76	A9	Exact	receive rejection notification	0	0	0	0
P76	A9	Near Copy	get the decline message	0	0	3	0

Descreve um exemplo da revisão de quase cópia efectuada. A tabela é composta por oito colunas que mostram as alterações efectuadas numa etiqueta após a revisão de quase cópia;

- A primeira coluna define o nome do processo, o nome da atividade, o tipo de revisão e os dados a rever

- As quatro colunas seguintes descrevem as alterações nos dados
- A coluna Inserções indica a nova língua incorporada
- A coluna Eliminação define as palavras eliminadas
- A coluna Sinónimos explica o número de sinónimos utilizados
- A última coluna descreve a substituição da mesma palavra

A alteração de todos os rótulos do conjunto de dados implicou um exercício sólido, porque exigiu alterações lógicas em vez de literais em cada atividade. Após a mudança de etiqueta de uma atividade, é necessária uma contagem para a sua análise, por exemplo, quanto é que uma etiqueta mudou em relação ao seu valor original. Contámos o número de vezes que estas operações (inserções, eliminações, etc.) foram efectuadas para todo o conjunto de dados.

Tabela 12: Número de operações efectuadas para gerar a NC de 150 BPMN

Operations\Count	Total	AVG	STD	MAX	MIN
$I_{(w's)}$	1967	0.929	1.042	7	0
$D_{(w's)}$	1006	0.475	0.817	7	0
$S_{(w's)}$	2611	1.232	0.841	5	0
$R_{(w's)}$	938	0.442	0.497	1	0

A Tabela 12 mostra que foram efectuadas 1967 inserções no conjunto de dados e que 0,929 é uma inserção média em cada atividade. Destaca também que 1,042 é o desvio padrão e que foram efectuadas no máximo 7 inserções numa única atividade. No entanto, esta tabela também mostra o valor da eliminação, uma vez que foi efectuado um total de 1006 eliminações, sendo 0,475 a taxa média de eliminação em cada atividade. Isto indica que o desvio padrão foi de 0,817 e que o máximo de eliminações numa atividade é de 7.

No total, foram inseridos 2611 sinónimos, pelo que a média para cada atividade foi de 1,232, tendo sido acrescentado um máximo de 5 sinónimos em cada atividade.

O que é a reordenação? É a utilização da mesma palavra em locais diferentes numa etiqueta. De acordo com a Tabela 6, no total, foram reordenadas 938 palavras e a média de reordenação de cada atividade é de 0,442 com um desvio padrão de 0,497 e, no máximo, foi efectuada uma reordenação em cada atividade.

O quadro 13 apresenta os valores das operações efectuadas pelo investigador 1.

Tabela 13: Operações de quase-cópia efectuadas por R1

Operations\Count	Total	AVG	STD	MAX	MIN
$I_{(w's)}$	757	0.880233	0.8676	5	0
$D_{(w's)}$	445	0.517442	0.7635	5	0
$S_{(w's)}$	769	0.894186	0.685261	3	0
$R_{(w's)}$	317	0.368605	0.482707	1	0

Tabela 14:As operações de cópia próxima efectuadas por R3

Operations\Count	Total	AVG	STD	MAX	MIN
$I_{(w's)}$	1774	0.96346	1.041485	7	0
$D_{(w's)}$	2407	0.44559	0.99544	7	0
$S_{(w's)}$	2468	1.46624	0.8543	5	0
$R_{(w's)}$	622	0.49404	0.500163	1	0

A Tabela 10 mostra que as revisões de quase-cópia só foram efectuadas por RI e R3. As tabelas 13 e 14 mostram as operações efectuadas por R1 e R3 para a quase cópia. A diferença entre o total de cálculos e as operações efectuadas por R1 e R3 está bem patente nos valores. Ambos os investigadores efectuaram operações de quase-cópia de acordo com orientações específicas e pré-definidas. Se compararmos os valores de ambos os investigadores, o total de inserções efectuadas por R1 é de 757, com uma média de 0,8802 em cada etiqueta e um valor máximo de 5 inserções numa única etiqueta. Por outro lado, R3 efectuou 1774 inserções com uma média de 0,9634 e um máximo de 7 inserções numa única etiqueta. R1 efectuou 445 supressões no total, com uma média de 0,517442 e um máximo de 5 supressões numa etiqueta. R3 efectuou 2407 supressões com uma média de 0,44559 e um máximo de 7 supressões numa única etiqueta.

O R1 utilizou 769 sinónimos, com uma média de 0,894186, e o valor máximo de sinónimos numa única etiqueta é de 3. No total, o R3 utilizou 2468 sinónimos, com uma média de 0,8543, e foram utilizados no máximo 5 sinónimos numa única etiqueta. R1 efectuou 317 reordenações com uma média de 0,368605 e entregou um máximo de 1 reordenação numa única etiqueta. O R3 efectuou 622 reordenações no total, com uma média de 0,49404, e efectuou no máximo 1 reordenação numa única etiqueta. A comparação mostra que R3 fez uma revisão abundante do que R1, embora as médias sejam quase iguais nalgumas operações, mas os valores das operações de R3 são mais notáveis do que os de R1. R3 realizou operações mais elevadas a um nível mais alargado, enquanto R1 realizou operações mais elevadas apenas em cada etiqueta. É por isso que as operações de R3 apresentam valores mais elevados no total, mas menos nas médias.

3.9.2 Revisão da luz

A revisão ligeira também envolve a renomeação de actividades, mas torna-se um pouco mais pormenorizada do que a quase-cópia, em que apenas é necessário alterar os sinónimos. As revisões ligeiras também incluem alterações sentenciais, pelo que podem ser consideradas uma variação muito pormenorizada da cópia próxima. A revisão ligeira revelou-se muito útil na correspondência de etiquetas do nosso conjunto de dados. Apresenta-se de seguida a revisão ligeira do mesmo modelo. Podemos facilmente comparar a Tabela 11 e a Tabela 5. A Tabela 11 mostra a cópia próxima do processo 76 e a Tabela 15 mostra a revisão ligeira do mesmo modelo. Estas Tabelas determinam claramente as diferenças entre revisões, pois é evidente que o número de operações de revisão ligeira é superior em valor às operações de quase-cópia. O quadro 15 ilustra um exemplo de revisão ligeira efectuada.

Tabela 15: Exemplo de revisão da luz

P Name	Activties #	Revision type	Activity Labels	Insertion	Deletion	synonyms	Order Replacment
P76	A1	Exact	create overtime registration	0	0	0	0
P76	A1	Light Revision	signup for overtime	2	2	0	1
P76	A2	Exact	send overtime registration to manager	0	0	0	0
P76	A2	Light Revision	send signup record for overtime to manager	3	2	0	1
P76	A3	Exact	receive request	0	0	0	0
P76	A3	Light Revision	get signup details	2	1	1	0
P76	A4	Exact	evaluate overtime registration	0	0	0	0
P76	A4	Light Revision	determine overtime signup details	2	1	1	0
P76	A5	Exact	decline request	0	0	0	0
P76	A5	Light Revision	signup details not valid	4	2	0	0
P76	A6	Exact	approve request	0	0	0	0
P76	A6	Light Revision	signup details valid	3	2	0	0
P76	A7	Exact	return overtime registration to employee	0	0	0	0
P76	A7	Light Revision	send back overtime signup details to employee	4	2	0	1
P76	A8	Exact	receive rejection notification	0	0	0	0
P76	A8	Light Revision	get decline notice	1	1	2	0
P76	A9	Exact	inform confirmation to employee	0	0	0	0
P76	A9	Light Revision	communicate approval of signup for overtime to	5	1	1	0

A tabela tem oito colunas:

- A primeira coluna define o nome do processo, o nome da atividade, o tipo de revisão e os dados a rever
- As quatro colunas seguintes determinam as alterações nos dados
- A coluna Inserções indica a nova língua inserida
- A coluna de eliminação mostra as palavras eliminadas
- A coluna Sinónimos determina o número de sinónimos utilizados

◆ A última coluna determina a substituição da mesma palavra

No Quadro 15, o mesmo exemplo é revisto como uma revisão ligeira para garantir uma compreensão conveniente da diferença entre revisão ligeira e operações de quase-cópia. Basicamente, ambas são revisões baseadas em etiquetas e o mesmo exemplo para ambas as revisões é apresentado para incentivar a compreensão global destes conceitos.

A revisão ligeira é basicamente uma extensão da cópia próxima, pelo que foram efectuadas as mesmas operações e os detalhes das operações são apresentados na Tabela 12. Operações semelhantes implicam também cálculos semelhantes. Os valores exactos que calculámos são apresentados na Tabela 16.

Tabela 16: Número total de operações efectuadas para gerar LR de 150 BPMN

Operations\Count	Total	AVG	STD	MAX	MIN
$I_{(w's)}$	3479	1.644	1.365	9	0
$D_{(w's)}$	1791	0.846	1.073	7	0
$S_{(w's)}$	3633	1.72	0.858	5	0
$R_{(w's)}$	8903	0.309	0.468	3	0

A Tabela 16 mostra os valores das iterações da operação efectuadas durante a revisão ligeira. A tabela mostra que foram inseridas 3479 palavras no conjunto de dados e os valores mostram que se trata de uma forma muito alargada de quase-cópia (na quase-cópia o total de inserções foi de 1967). Agora temos um número muito maior de inserções, pelo que a média é de 1,644 em cada processo e foram feitas no máximo 9 inserções numa única atividade. As supressões também são descritas; o total de supressões foi de 1791, com uma média de 0,846 e um máximo de 7 supressões foram realizadas numa única atividade. Os sinónimos inseridos foram 3633, com uma média de 1,72 alterações numa única atividade. A reordenação também foi efectuada na revisão ligeira; no total, foram efectuadas 8903 reordenações com uma média de 0,309 e um máximo de 3 reordenações numa única atividade. Uma comparação dos valores de ambas as revisões mostra claramente uma diferença considerável nos resultados.

A Revisão de Luz foi efectuada pelo Investigador 2 e pelo Investigador 3, sendo que as operações de cada investigador e os valores gerados estão representados nos Quadros 17 e 18.

Quadro 17: Operações de revisão da luz efectuadas por R2

Operations\Count	Total	AVG	STD	MAX	MIN
$I_{(w's)}$	3367	1.64654	1.2884	9	0
$D_{(w's)}$	3216	1.02779	1.0303	7	0
$S_{(w's)}$	2216	1.5314	0.93841	5	0
$R_{(w's)}$	294	0.2429	0.440472	3	0

Quadro 18: Operações de revisão da luz efectuadas por R3

Operations\Count	Total	AVG	STD	MAX	MIN
$I_{(w's)}$	1414	1.6441	1.3720	7	0
$D_{(w's)}$	498	0.5790	0.9279	6	0
$S_{(w's)}$	1728	2.009	0.7854	5	0
$R_{(w's)}$	352	0.4093	0.4919	1	0

Uma análise comparativa mostra que R2 efectuou 3367 inserções com uma média de 1,64654 e um máximo de 9 inserções numa única etiqueta, enquanto R3 efectuou 1414 inserções totais com uma média de 1,6441 e um máximo de 7 inserções. O número total de inserções é um pólo à parte, mas as médias de inserções efectuadas são quase iguais, porque o R2 tinha um total de 1259 etiquetas para rever e o R3 tinha 860 etiquetas para rever. Por conseguinte, os números de R2 são superiores aos de R3. O mesmo acontece com os sinónimos e as reordenações; R2 tem números mais elevados do que R3, mas a média das operações é praticamente a mesma. Nas operações de supressão, as operações de R2 são muito mais elevadas do que as de R3 e a média é também superior à de R3. O número total de eliminações efectuadas por R2 foi de 3216, enquanto R3 efectuou 498 eliminações no total. A média de todas as eliminações efectuadas pelo R2 é de 1,02779 e a do R3 é de 0,5790. O total de sinónimos utilizados pelo R2 é de 2216 e o R3 de 1728. O total de reordenações efectuadas por R2 é de 294 e por R3 observámos 352 reordenações, pelo que as médias são 0,2429 e 0,4919, respetivamente. Os valores da operação do R2 são mais elevados nas inserções, eliminações e sinónimos, enquanto o R3 efectuou um maior número de reordenações do que o R2.

3.9.3 Revisão pesada

Esta revisão envolveu duas etapas: Primeiro, efetuar uma revisão ligeira em todos os processos e contar os valores da revisão ligeira efectuada, enquanto o segundo passo incluía alterações estruturais, tais como alterações nas vias do processo, actividades, arestas, etc. Alterar estruturalmente os processos implica produzir o mesmo resultado com uma estrutura completamente diferente. Esta revisão ajudou a garantir que a correspondência estrutural fosse efectuada na nossa coleção. Na revisão pesada, o modelo de processo muda estruturalmente e não comportamentalmente. Ou seja, a estrutura do modelo muda, mas o seu comportamento permanece o mesmo. Alguns exemplos de revisão pesada são mostrados nas Figuras 22 e 23.

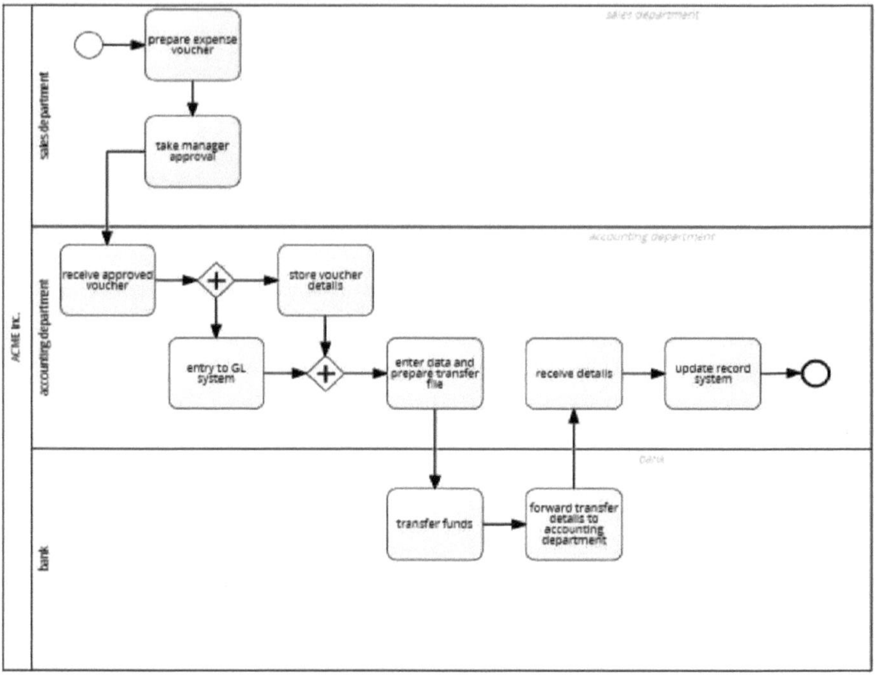

Figura 22: Modelo de processo original

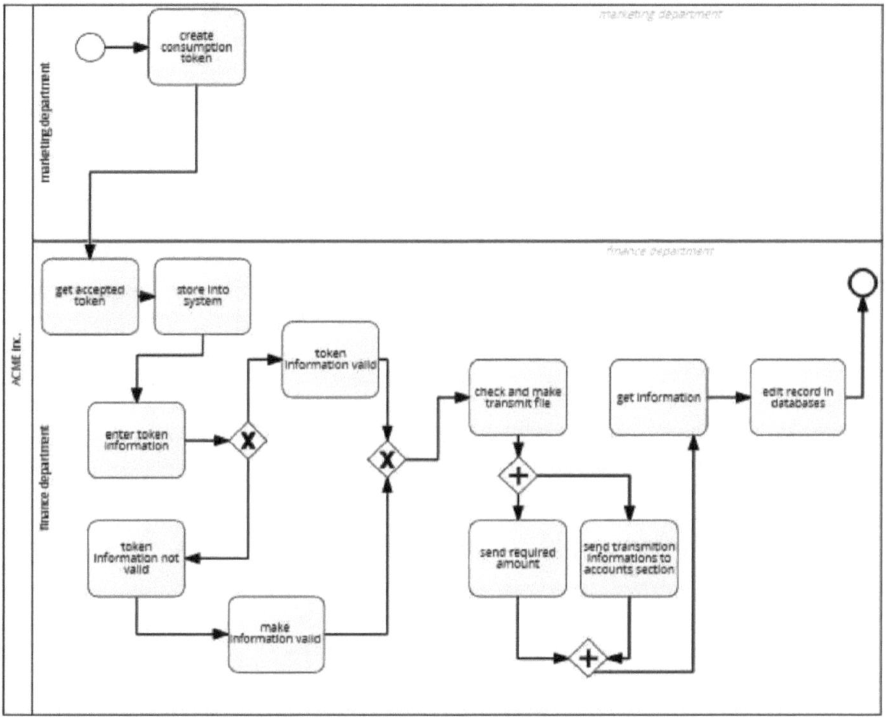

Figura 23: Modelos de processos revistos pesados

Dois processos semelhantes são apresentados nas Figuras 22 e 23, sendo a Figura 22 o modelo exato e a Figura 23 uma versão fortemente revista do mesmo. Em ambos os processos, que eram processos de vendas, a revisão pesada provocou alterações na estrutura do modelo, mas o comportamento permaneceu o mesmo. O processo continuou a ser um processo de vendas, mas com um padrão e uma construção diferentes.

A revisão pesada foi iniciada com uma revisão ligeira antes da alteração da estrutura. Uma vez que a revisão ligeira consiste em alterar as etiquetas de cada atividade, foi efectuada a mesma operação que a revisão ligeira.

operação foi efectuada como a revisão ligeira. Os valores pormenorizados da revisão ligeira do processo de revisão pesada são apresentados no quadro 19.

Tabela 19: Número total de operações LR efectuadas para gerar a RH de 150 BPMN

Operations\Count	Total	AVG	STD	MAX	MIN
$I_{(w's)}$	3038	1.453	1.107	6	0
$D_{(w's)}$	1961	0.938	1.021	8	0
$S_{(w's)}$	2497	1.194	0.754	4	0
$R_{(w's)}$	605	0.289	0.454	1	0

A Tabela 19 mostra o total de inserções, supressões, sinónimos e reordenações do processo de revisão ligeira antes da revisão pesada. Os valores adquiridos através da revisão ligeira são os dos modelos que estavam em linha para a revisão pesada.

Tal como mencionado no quadro 10, as revisões foram efectuadas por diferentes investigadores para evitar preconceitos humanos. Por conseguinte, esta revisão foi efectuada por R2 e R3.

Quadro 20: Operações LR para RH efectuadas por R2

Operations\Count	Total	AVG	STD	MAX	MIN
$I_{(w's)}$	1496	1.7415	1.20827	6	0
$D_{(w's)}$	1212	1.4109	1.098	8	0
$S_{(w's)}$	966	1.1258	0.773	4	0
$R_{(w's)}$	95	0.1107	0.3139	1	0

Quadro 21: Operações LR para HR efectuadas por R3

Operations\Count	Total	AVG	STD	MAX	MIN
$I_{(w's)}$	2356	1.2676	0.9743	7	0
$D_{(w's)}$	2335	0.6036	0.8418	4	0
$S_{(w's)}$	2093	1.2509	0.7561	4	0
$R_{(w's)}$	518	0.4114	0.492	1	0

As tabelas 20 e 21 mostram as operações efectuadas por cada investigador separadamente. Como é evidente, o R2 efectuou um total de 1496 inserções, pelo que a média é de 1,7415; inversamente, o R3 efectuou 2356 inserções e a média é de 1,2676. Existe uma grande diferença entre as somas totais de inserções dos dois investigadores, mas se analisarmos as suas médias, a diferença não é assim tão grande. Isto significa que ambos os investigadores inseriram novas palavras numa etiqueta com a mesma média.

R2 tem um total de 860 etiquetas para rever e R3 tem um total de 1259 etiquetas, razão pela qual as inserções efectuadas por R3 são maiores do que as inserções efectuadas por R2. O R2 eliminou um total de 1212 palavras, com uma média de 1,4109 e um máximo de 8 eliminações numa única etiqueta, enquanto o R3 efectuou 2335 eliminações, com uma média de 0,6036 e um máximo de 4 eliminações numa única etiqueta. As supressões efectuadas pelo R3 são superiores às do R2, mas o R2 tem uma média superior à do R3, o que mostra que o R2 suprime mais palavras em cada etiqueta do que o R3. O R2 adicionou 966 sinónimos no total, com uma média de 1,1258, com um máximo de 4 sinónimos adicionados numa única etiqueta. O R3 inseriu 2093 sinónimos, com uma média de 1,2509 e um máximo de 4 sinónimos inseridos numa única etiqueta. O R3 inseriu mais sinónimos do que o R2, mas com a mesma média e a mesma alteração máxima numa única atividade.

R2 efectuou uma reordenação de 95 palavras no total, com uma média de 0,1107, e R3 reordenou

518 palavras no total, com uma média de 0,4114 e um máximo de 1 reordenação numa única etiqueta. R2 efectuou menos ordenações de palavras e, por isso, tem uma média de desempenho de reordenação inferior à de R3. Após as revisões ligeiras dos processos, passámos às revisões pesadas, que constituem a segunda etapa deste processo.

Efectuámos algumas alterações estruturais para além da revisão dos rótulos, cujos pormenores estão disponíveis no Quadro 22.

Quadro 22: Operações aplicadas às alterações estruturais

Operation Name	Operation label	Purpose of operation
Remove activity	$R_{(a)}$	Total number of activities removed
Add activity	$A_{(a)}$	Total Number of new activities added
Rename activity	$RE_{(a)}$	Number of activities renamed
Add XOR gates	$A_{(xor)}$	Total number of new XOR gates added
Add AND gates	$A_{(and)}$	Total number of new AND gates added
Remove XOR gates	$R_{(xor)}$	Total number of XOR gates removed
Remove and gates	$R_{(and)}$	Total number of AND gates removed
Add lanes	$A_{(L)}$	Total number of new lanes added
Remove lanes	$R_{(L)}$	Total number of lanes removed
Rename lanes	$Re_{(L)}$	Number of lanes renamed

Apresenta a lista de operações e a sua descrição. A revisão pesada foi efectuada através destas operações. O quadro 22 ilustra a lista de todos os instrumentos estruturais (atividade, portas, vias, etc.), bem como as inserções e supressões desses elementos estruturais. Foram efectuadas várias iterações destas operações e contabilizadas para efeitos de revisão pesada. O quadro 22 contém igualmente o número de alterações estruturais aplicadas para gerar modelos 150HR.

Quadro 23: Número total de mudanças estruturais

Operations\Count	Total	AVG	STD	MAX	MIN
$R_{(a)}$	256	1.7	1.2	7	0
$A_{(a)}$	465	3.1	2.2	11	0
$RE_{(a)}$	150	1	0	1	1
$A_{(xor)}$	98	0.662	1	4	0
$A_{(and)}$	288	1.92	1.603	8	0
$R_{(xor)}$	100	0.667	0.974	4	0
$R_{(and)}$	142	0.947	1.263	6	0
$A_{(L)}$	61	0.409	0.615	3	0
$R_{(L)}$	54	0.36	0.521	2	0
$Re_{(L)}$	150	1	0	1	1

A Tabela 23 indica o número total de actividades removidas, que são 256, e a média de remoção é de 1,7, enquanto um máximo de 7 actividades foram removidas numa única operação. No total, foram acrescentadas 465 actividades com uma média de 3,1 e um máximo de 11 actividades num único processo. O desvio-padrão é de 2,2 para a renomeação de actividades, sendo a média de 1 e, no total, foram efectuadas 150 renomeações.

As portas são uma parte enorme da estrutura e há dois tipos de portas normalmente utilizadas numa coleção: Xor e And. O número total de portas Xor foi de 98 e a média é de 0,662, tendo sido adicionadas no máximo 4 portas Xor num único processo. O número total de portas And adicionadas é de 288, e foram adicionadas no máximo 8 portas num processo. Foram removidas 100 portas Xor com uma média de 0,974 e foram removidas no máximo 4 portas Xor por processo. Foram removidas 142 portas And e foram removidas no máximo 6 portas AND num único processo. No total, foram adicionadas 61 novas vias ao conjunto de dados e 54 vias foram removidas do conjunto de dados, tendo sido adicionadas no máximo 3 vias a um único processo e removidas no máximo 2 vias de um processo. No total, 150 vias do processo foram renomeadas com uma média de 1.

Tal como no caso das revisões anteriores, a revisão pesada também foi efectuada por diferentes investigadores. O quadro 10 mostra que a revisão pesada foi efectuada por R1 e R2. Os quadros 24 e 25 mostram as operações efectuadas para a revisão pesada separadamente por cada investigador.

Quadro 24: Alterações estruturais efectuadas por R1

Operations\Count	Total	AVG	STD	MAX	MIN
$R_{(a)}$	159	2.12	1.3161	7	0
$A_{(a)}$	289	3.8533	1.7715	9	0
$RE_{(a)}$	75	1	0	1	1
$A_{(xor)}$	58	0.7733	1.0341	4	0
$A_{(and)}$	114	1.52	1.3085	4	0
$R_{(xor)}$	92	1.2266	1.466	6	0
$R_{(and)}$	66	0.88	1.0521	4	0
$A_{(L)}$	50	0.6666	0.6992	3	0
$R_{(L)}$	24	0.32	0.4942	2	0
$Re_{(L)}$	75	1	0	1	1

Quadro 25: As alterações estruturais efectuadas por R2

Operations\Count	Total	AVG	STD	MAX	MIN
$R_{(a)}$	97	1.2933	1.0103	4	0
$A_{(a)}$	176	2.3466	2.3681	11	0
$RE_{(a)}$	75	1	0	1	1
$A_{(xor)}$	40	0.533	0.9491	4	0
$A_{(and)}$	180	2.4	1.7398	8	0
$R_{(xor)}$	34	0.4533	0.8429	2	0
$R_{(and)}$	50	0.666	0.9491	2	0
$A_{(L)}$	11	0.1486	0.3581	1	0
$R_{(L)}$	30	0.4	0.5452	2	0
$Re_{(L)}$	75	1	0	1	1

As tabelas 24 e 25 ilustram as operações efectuadas por RI e R2. Evidentemente, o IR efectuou uma revisão mais rica do que o R2. O IR removeu 159 actividades com uma média de 1,3161 e um máximo de 7 actividades foram removidas por modelo de processo. Comparativamente, o R2 removeu 97 actividades com uma média de 1,2933 e um máximo de 4 actividades por modelo de processo. As actividades adicionadas por Rl são 289, com uma média de 3,8533 e um máximo de 9 actividades foram adicionadas a um modelo de processo; R2, pelo contrário, adicionou um total de 176 actividades com uma média de 2,3466 e um máximo de 11 actividades foram adicionadas a um modelo de processo. Existe uma grande diferença entre as actividades adicionadas e removidas por ambos os investigadores, principalmente porque R1 tinha modelos de maior dimensão para rever e R2 tinha modelos de menor dimensão na sua coleção. É por isso que cada alteração estrutural efectuada por R2 apresenta um valor inferior ao de R1.

Ambas as actividades foram renomeadas por ambos os investigadores. R1 adicionou 58 portas XOR com uma média de 0,7733 e adicionou um número máximo de 4 portas XOR a um modelo de processo único, enquanto R2 adicionou 40 portas XOR com uma média de 0,533 e adicionou um máximo de 4 portas num modelo de processo único. 114 portas AND foram adicionadas por R1 com uma média de 1,52 e um número máximo de 4 portas AND num modelo de processo único, enquanto R2 adicionou um total de 180 portas AND com uma média de 2,4 e um máximo de 8 portas AND num modelo de processo único.

R2 adicionou mais portas AND do que R1 e R2 removeu mais vias do que R1, pelo que, para ajustar as actividades das vias removidas, foram necessárias portas AND paralelas. Por conseguinte, R2 utilizou mais portas AND do que R1. 92 portas XOR removidas por R1 com uma média de 1,2266 e 34 portas XOR removidas por R2 com uma média de 0,4533. R1 removeu 66 portas AND, enquanto R2 removeu 50 portas AND com uma média de 0,9491. R2 removeu mais pistas do que R1, mas adicionou menos pistas do que R1. 30 pistas foram removidas por R2 e 24 pistas foram removidas por R1, enquanto R1 adicionou 50 pistas e R2 adicionou 11 pistas coletivamente.

3.10 Resumo dos modelos, revisões e sua discussão A criação de um conjunto de dados foi um processo fundamental na nossa investigação. Um conjunto de dados decente significa que tem todo o tipo de variações. Para isso, criámos 150 cópias exactas. Para obter variantes, efectuámos revisões no conjunto de dados. As revisões tornam o conjunto de dados mais conveniente para a experimentação. As revisões tornam o conjunto de dados mais cómodo para a experimentação. A cópia exacta e a revisão ligeira facilitam a correspondência de etiquetas e a revisão pesada é o paradigma básico para conseguir uma correspondência estrutural bem sucedida. Temos 150 cópias exactas de modelos de processos, 150 cópias próximas, 150 revisões ligeiras, 150 revisões pesadas e 600 modelos de processos cumulativos na nossa coleção. A coleção contém processos de diferentes categorias, como vendas, gestão, cuidados de saúde, educação e muitos outros. Os pormenores são apresentados nos quadros 36 e 37.

Capítulo 4

Análise da coleção

4.1 Os parâmetros de comparação

Antes de desenvolver uma coleção normalizada de modelos de processos empresariais, é importante ter em conta alguns factores essenciais. Jan Mendling et al [15] Similarity of Business Process Models Metrics and Evaluation] explicam que estes factores incluem a correspondência de rótulos, a correspondência de semelhanças, a semelhança estrutural e a semelhança comportamental. Estes elementos foram incorporados na coleção de modelos de processos.

Existem três categorias de factores, nomeadamente: factores relacionados com a estrutura dos modelos de processos, o comportamento e a etiqueta dos modelos de processos. O principal fator de correspondência de semelhanças é a correspondência de etiquetas, que implica a utilização das etiquetas das actividades. A ideia subjacente à correspondência de etiquetas é ler as actividades mapeadas das etiquetas dos modelos de processos e também contar a soma das etiquetas para que a semelhança dos modelos de processos possa ser facilmente calculada.

O segundo fator ou semelhança numa coleção de modelos de processos é a Correspondência de Estruturas, em que a estrutura do modelo é utilizada para efetuar a correspondência de semelhanças. Se dois modelos coincidem através da correspondência de estrutura, as actividades, portas, arcos e outros elementos são incluídos nas correspondências de estrutura. Com este fator, torna-se mais fácil encontrar subprocessos nos processos correspondentes.

A correspondência comportamental é o método final e mais exato para efetuar a correspondência com os modelos de processos. Neste método, os nós inseridos ou eliminados também são contados para a correspondência, o que significa que as relações indirectas também são consideradas na correspondência comportamental. Pelo contrário, na correspondência estrutural, as relações indirectas não são contabilizadas. Assim, pode dizer-se que a correspondência comportamental é utilizada quando existem excepções no conjunto de dados.

O nosso objetivo é produzir um corpus de modelos de processos que integrem quase todos os tipos de variação. Para desenvolver este tipo de corpus, a técnica é bastante complicada. O primeiro passo é criar uma coleção de modelos de processos e, em seguida, fazer com que as variantes efectuem várias revisões dessa informação.

O nosso corpus contém 600 modelos de processos e existem quatro tipos de modelos de processos, nomeadamente

(1) Original; (2) Quase cópia; (3) Revisão ligeira; (4) Revisão pesada.

O quadro seguinte ilustra um resumo da nossa coleção. Este quadro apresenta o número total de modelos de processos criados, o número total de rótulos, o número total de elementos (tamanho + arcos + conectores) e o número médio de elementos.

Quadro 26: Estatísticas da nossa coleção

	Total*	**Original**	**Near copy**	**Light Revision**	**Heavy Revision**
# of models	600	150	150	150	150
Total # of labels	8625	2095	2095	2095	2340
Total number of elements (Size+ arcs + connectors)	12162	2959	2959	2959	3285
Average number of elements	20.74	19.72	19.72	19.72	21.9

Esta secção é dedicada à análise da nossa coleção de modelos de processos desenvolvida e à comparação com outras colecções. Como mencionado no primeiro capítulo, existem três caraterísticas dos modelos operacionais - estrutural, baseado em rótulos e comportamental. A comportamental diz respeito à execução e, por isso, é ignorada neste projeto por estar fora do âmbito. Por conseguinte, comparámos os nossos resultados apenas com os modelos estrutural e baseado em etiquetas.

Para a comparação estrutural, utilizámos as métricas já bem estabelecidas por Jan Mendling. Apesar de terem sido propostas inicialmente para a probabilidade de erro, estas métricas foram posteriormente utilizadas em dezenas de estudos ao longo da comparação estrutural/propriedades dos modelos de processos. (Tamanho, rácio de separabilidade, rácio de sequencialidade, diâmetro, densidade, grau médio de conectores, grau máximo de conectores, coeficiente de conetividade, incompatibilidade de conectores, ciclicidade e divisão de tokens). Estes aspectos são abordados no capítulo 3.

Para a comparação baseada em rótulos, utilizámos os três critérios enraizados na PNL, que representam a soma das variedades que podem ser terminadas em texto/rótulo neste invólucro. São eles: quase cópia, revisão ligeira e revisão pesada.

O passo seguinte à definição dos critérios de comparação dos conjuntos de dados é obter as colecções existentes para as utilizar nas comparações. A este respeito, vários repositórios [16] [17] referiram estudos que se centram na evolução da arquitetura dos repositórios e das suas técnicas principais. No entanto, apenas algumas colecções são discutidas na literatura. De acordo com a tese de doutoramento [18] [Design of Business Process Model Repositories Requirements, Semantic Annotation Model and Relationship Metamodel], estas são o MIT process hand book, o repositório IBM e a coleção de processos SAP. Neste contexto, o manual de modelos de processos do MIT não pode ser utilizado para comparação, uma vez que oferece processos de descrição textual e, normalmente, a descrição é bastante breve. Por exemplo, as descrições dos processos xxxxx e xxxxx são muito breves.

Da mesma forma, o repositório IBM não utiliza nenhuma notação padrão como BPMN para a representação do modelo de processo. Por este motivo, também não é adequado para comparação. Por outro lado, os modelos sintéticos de Yan et al [19] são apenas o repositório de modelos de processos SAP e múltiplos desses modelos.

A SAP, no entanto, é a mais relevante de todas as colecções de modelos de processos e também o conjunto de dados mais utilizado para avaliação. Contém 604 modelos de processos não triviais. Também utilizaremos outras colecções para comparações.

4. 2Comparação estrutural da nossa coleção com a SAP

Tal como referido no Capítulo 3, é necessário comparar as propriedades estruturais da coleção criada com o SAP. Esta comparação implica a utilização de modelos de processos originais. Na tabela seguinte, ilustra-se a comparação com anotações de processos de revisão pesada.

Os resultados da comparação com o repositório SAP são apresentados na Tabela 27.

Quadro 27: Resultados da comparação estrutural com o SAP

Parameter	SAP Std Dev	Our Std Dev	SAP Mean	Our Mean	Minimum values	Maximum values	Observations
S(N)	20.74	7.154908826	18.74	19.55862069	11	54	+
S(E)	11.5	0	10.44	0	0	0	NP
S(ES)	3.87	0	3.84	1	1	1	NP
S(EE)	4.49	0	4.78	1	1	1	NP
S(F)	4.03	5.384257598	3.81	13.80689655	7	39	+
S(C)	5.21	2.211949436	6.22	3.75862069	0	12	-
S©AND	2.18	1.508215052	2.75	1.255172414	0	8	-
S©XOR	1.95	1.787783147	2.78	2.503448276	0	12	=
S©OR	1.08	0	1.81	0	0	0	+
S(J)AND	1.09	0.754107526	1.6	0.627586207	0	4	-
S(J)XOR	1.02	0.96092229	1.51	1.275862069	0	6	=
S(J)OR	0.46	0	1.03	0	0	0	+
S(S)AND	1.08	0.754107526	1.48	0.627586207	0	4	-
S(S)XOR	0.93	0.959276148	1.5	1.268965517	0	6	=
S(S)OR	0.62	0	1.14	0	0	0	+
Diam	9.2	5.229017548	6.46	15.82068966	8	37	+
Density	0.09	0.018782405	0.08	0.077944828	0.019	0.1	+
CNC	0.94	0.094126944	0.13	1.03927931	0.91	1.25	-
AvgD of Connecto	3.3	0.585118778	1.46	2.926206897	0	4	-
Maxdegree of a	4.36	0.598369432	2.72	2.944827586	0	4	=
separability ratio	0.52	0.1957659	0.22	0.352223776	0.055	0.87	+
sequentiality ratio	0.29	0.165750311	0.28	0.406710345	0.052	1	+
Cyclicity	0.02	0	0.09	0	0	0	+
token split	3.16	0.750159625	4.89	-0.310344828	-1	3	NP
connector mismatch	6.02	0	6.19	0	0	0	+

Mostra claramente que, na coluna de observação, o sinal de mais representa que a nossa coleção se enquadra nesse parâmetro específico; o sinal de igual representa a igualdade, NP significa Sem problemas e o sinal de menos significa que o valor do nosso repositório é inferior ao parâmetro.

A partir destas observações, pode afirmar-se que, em média, a dimensão da nossa coleção de modelos de processos é superior à do SAP, ou seja, 19,55 > 18,74. Não se pode ignorar o facto de a coleção de modelos de processos do SAP ser um EPC, enquanto a nossa coleção é um modelo de processos BPMN. A modelação, a semântica/regras do EPC sugerem que uma atividade não pode ser ligada a outra atividade e que cada atividade é seguida de um evento. Isto significa que cada função do corpo contém um evento correspondente que acaba por aumentar o tamanho do modelo do processo. Por outro lado, em BPMN, uma atividade pode ser seguida por outra atividade que não aumenta o valor do tamanho do modelo do processo.

Uma comparação entre o EPC e o BPMN mostra que o número de funções ou actividades no EPC é consideravelmente inferior ao da nossa coleção, ou seja, 15,80 >3,81. Do mesmo modo, o desvio-padrão da nossa coleção é bastante inferior ao da coleção SAP, ou seja, 6,85 < 20,74. O valor mais baixo do desvio-padrão da nossa coleção indica que esta tem modelos de processos maiores do que os modelos SAP. No entanto, a coleção de modelos SAP contém mais conectores do que a nossa coleção, mas, no que diz respeito a um único processo, continuamos a ter um máximo de 8 valores de portas. Além disso, a nossa coleção de processos tem processos mais longos do que os valores de diâmetro SAP, o que significa que o comprimento dos modelos de processos SAP é inferior ao nosso 15,66 > 6,42. O maior diâmetro significa maiores sequências.

Os nossos modelos de processos incluem um maior número de processos sequenciados do que os processos SAP. Além disso, o rácio de sequencialidade da nossa coleção é superior ao da coleção SAP, que é de 0,40 > 0,20. A SAP tem ciclos na sua coleção, o que evidentemente viola as diretrizes da modelação de processos.

A nossa coleção não contém um único ciclo, e o nosso valor de ciclista é0< 0,09. A coleção SAP contém mais do que um estado inicial e um estado final, ao passo que cada processo da nossa coleção contém um evento inicial e um evento final, de acordo com os requisitos das diretrizes. O nosso valor de S (ES) él < 3,84, o que indica que a nossa coleção não tem nenhum processo com mais de um estado inicial. O mesmo acontece com os estados finais, em que o SAP tem um valor de S (EE) superior ao da nossa coleção, que él< 4,78.

A coleção de processos SAP tem incompatibilidades de conectores e, tal como explicado no capítulo anterior, as incompatibilidades tornam os modelos de processos defeituosos. O valor médio do SAP para as incompatibilidades de conectores é de 6,19 em comparação com o qual temos 0 valor médio de incompatibilidades de conectores 0<6,19. No SAP, o valor de desfasamento é demasiado elevado, o que indica a existência de modelos de processos defeituosos. O SAP também contém numerosos processos densos em comparação com a nossa coleção, pelo que o valor da densidade do SAP recolhido é de 0,08, enquanto a nossa coleção tem o valor médio de 0,07, pelo que 0,07 < 0,08. Temos modelos de processos maiores, pelo que o tamanho é composto por mais arcos. Muitos arcos fazem com que o valor do coeficiente de conetividade seja mais elevado, razão pela qual temos um valor maior de coeficiente de conetividade na nossa coleção de processos 1.03 >0.13.

No Quadro 28 são apresentados pormenores da comparação dos parâmetros da revisão pesada com os parâmetros estruturais do SAP.

Quadro 28: Comparação dos parâmetros da revisão pesada com o SAP

Parameters	SAP Std Dev	Our HR Std Dev	SAP Mean	Our HR mean	Minimum Values	Maximum Values	Observations
S(N)	20.74	6.85	18.74	21.96	12	56	+
S(E)	11.5	0	10.44	0	0	0	NP
S(ES)	3.87	0	3.84	1	1	1	NP
S(EE)	4.49	0	4.78	1	1	1	NP
S(F)	4.03	5.48	3.81	15.6	7	36	+
S(C)	5.21	1.88	6.22	4.32	0	12	-
S©AND	2.18	1.59	2.75	1.88	0	6	-
S©XOR	1.95	1.55	2.78	2.44	0	10	=
S©OR	1.08	0	1.81	0	0	0	+
S(J)AND	1.09	0.77	1.6	0.92	0	3	-
S(J)XOR	1.02	0.79	1.51	1.24	0	5	=
S(J)OR	0.46	0	1.03	0	0	0	+
S(S)AND	1.08	0.77	1.48	0.933333	0	3	-
S(S)XOR	0.93	0.79	1.5	1.226667	0	5	=
S(S)OR	0.62	0	1.14	0	0	0	+
Diam	9.2	5.53	6.46	17.71333	9	47	+
Density	0.09	0.0155	0.08	0.053753	0.018	0.098	+
CNC	0.94	0.29	0.13	1.039993	0.058	4	-
AvgD of Connecto	3.3	0.455	1.46	2.944	0	4	-
Maxdegree of a connector	4.36	0.48	2.72	2.943887	0	4	=
separability ratio	0.52	0.20	0.22	0.399985	0.0347	0.93	=
sequentiality ratio	0.29	0.16	0,28	0.409667	0	1	+
Cyclicity	0.02	0	0.09	2.943887	0	4	+
token split	3.16	0.79	4.89	0.399985	0.0347	0.93	NP
connector mismatch	6.02	0	6.19	0	0	1	+

De acordo com os resultados e as nossas observações, a nossa coleção é mais conveniente e flexível do que o SAP. Os nossos modelos revistos têm também um valor de dimensão superior ao do SAP, embora o valor de base da dimensão nos nossos modelos revistos seja superior ao dos processos originais. Os nossos modelos de processos originais têm um tamanho de 19,55 e os nossos modelos revistos têm 21,96, o que é superior ao SAP, uma vez que 21,96 > 18,74 e também aos processos originais.

Se a dimensão dos processos originais for superior à do SAP, o diâmetro também será superior ao do SAP 17,71 > 6,46. No que diz respeito ao rácio de sequencialidade, este também é menor nos modelos de processos SAP do que na nossa coleção de modelos revistos pesados 0,46 > 0,28. A proporção de densidade é também mais elevada no SAP do que na nossa coleção 0,05 < 0,08, o que se deve ao facto de o SAP conter modelos de processos mais densos do que a nossa coleção. Além disso, o nosso modelo revisto pesado não contém quaisquer incompatibilidades de conectores, pelo que o nosso valor de incompatibilidade de conectores é 0, enquanto o SAP tem 6,19 valores de incompatibilidade.

O número de actividades nos modelos revistos aumentou o valor de S (F) nos modelos de processos revistos pesados em 15,6, o que é superior aos nossos modelos originais e também ao SAP, uma vez que 15,6 >3,81. A nossa análise comparativa mostra que os nossos processos revistos geraram melhores valores do que os nossos processos originais. Isto significa que procedemos a uma revisão correta, respeitando as diretrizes de modelação. Os nossos processos revistos contêm mais consequências benéficas do que os originais e também os nossos processos revistos apresentam melhores resultados do que o modelo SAP. No entanto, existem alguns pontos negativos, que não são exatamente uma desvantagem porque a nossa coleção de modelos está em BPMN e a coleção SAP está em EPC. No entanto, é importante mencionar as deficiências da nossa coleção.

Os pontos negativos da nossa coleção são apresentados no quadro 29.

Quadro 29: Os pontos negativos

Parameters	SAP Std Dev	Our Std Dev	SAP Mean	Our Mean	Minimum Values	Maximum Values	Observations
S(C)	5.21	1.88	6.22	4.32	0	12	-
S©AND	2.18	1.58026	2.75	1.572881	0	8	-
S(J)AND	1.09	0.776425	1.6	0.776271	0	4	-
S(S)AND	1.08	0.778354	1.48	0.783051	0	4	-
CNC	0.94	0.219236	0.13	1.039642	0.166	1.25	-
Average dc	3.3	0.455	1.46	2.944	0	4	-

Se analisarmos em profundidade a comparação entre o EPC e o BPMN, tal como discutido no capítulo 3, o BPMN apresenta comparativamente uma linguagem mais expressiva, que é adequada para a modelação. Uma análise das estruturas do fluxo de controlo revela que a BPMN tem um maior número de actividades do que a EPC, razão pela qual temos um maior número de coeficientes de conetividade do que a SAP. Além disso, o número de portas é menor na nossa coleção, mas continua a ter um máximo superior a 8. Neste contexto, há mais componentes do EPC a serem discutidos do que o BPMN e o valor do tamanho não é semelhante no EPC e no BPMN. Se um modelo de processo tem o tamanho 20 em BPMN, tem de ter 26 ou 27 em EPC. É por isso que obtivemos modelos de processos maiores no nosso repositório do que no SAP. Quando o BPMN tem mais actividades do que o EPC, então também deve conter sequências longas. As sequências são o caminho num modelo de processo sem qualquer porta. O nosso rácio de sequencialidade é superior ao do SAP. Uma sequência longa utiliza mais arcos e a presença de muitos arcos cria muitas complexidades. O coeficiente de conetividade é o rácio entre os arcos e os nós. É por isso que temos mais coeficientes de conetividade do que a coleção SAP.

4. 3Comparação estrutural da nossa coleção com outras colecções

Existem vários outros repositórios que possuem modelos de processos, pelo que efectuámos comparações com todos os repositórios disponíveis. Todas as estatísticas destes repositórios foram retiradas do livro de Jan Mendling [Metrics for Process Models by Jan mendling]. Mendling apresenta uma tabela de comparação de vários repositórios distintos entre si. A tabela 30 mostra a lista de repositórios fornecida por Jan Mendling.

Quadro 30: Os diferentes conjuntos de modelos

No.	Model Set
1	SAP Ref. Model
2	Complete Sample
3	Services Model
4	Finance Model
5	Consulting Model

Quadro 31: Comparação com a amostra completa

Parameters	Complete Sample	Our Std Dev	Complete Sample	Our Mean	Minimum values	Maximum values	Observations
S(N)	20.71	7.154908826	16.84	19.55862069	11	54	+
S(E)	10.47	0	8.66	0	0	0	NP
S(ES)	2.43	0	2.70	1	1	1	NP
S(EE)	2.77	0	3.20	1	1	1	NP
S(F)	5.98	5.384257598	4.94	13.80689655	7	39	+
S(C)	4.27	2.211949436	5.01	3.75862069	0	12	-
S©AND	2.25	1.508215052	3.00	1.255172414	0	8	-
S©XOR	1.26	1.787783147	2.24	2.503448276	0	12	=
S©OR	0.76	0	1.54	0	0	0	+
S(J)AND	0.63	0.754107526	1.23	0.627586207	0	4	-
S(J)XOR	1.01	0.96092229	1.46	1.275862069	0	6	=
S(J)OR	0.37	0	0.82	0	0	0	+
S(S)AND	0.62	0.754107526	1.17	0.627586207	0	4	-
S(S)XOR	1.24	0.959276148	1.75	1.268965517	0	6	=
S(S)OR	0.37	0	0.86	0	0	0	+
Diameter	11.45	5.229017548	8.21	15.82068966	8	37	+
Density	0.09	0.018782405	0.07	0.077944828	0.019	0.1	=
CNC	0.96	0.094126944	0.13	1.03927931	0.91	1.25	-
AvgD of Connecto	3.56	0.585118778	2.40	2.926206897	0	4	-
Maxdegree of a connector	2.88	0.598369432	1.60	2.944827586	0	4	-
separability ratio	0.56	0.1957659	0.27	0.352223776	0.055	0.87	=
sequentiality ratio	0.46	0.165750311	0.31	0.406710345	0.052	1	+
Cyclicity	0.01	0	0.08	0	0	0	+
token split	1.82	0.750159625	3.53	-0.310344828	-1	3	NP
connector mismatch	3.31	0	4.55	0	0	0	+

A comparação entre a amostra completa e as nossas colecções de modelos mostra que temos modelos maiores do que a amostra. O nosso valor de dimensão é superior ao das colecções da amostra completa, que é de 19,55 > 18,74. A densidade da amostra completa é igual à da nossa coleção de modelos 0,77 = 0,7. Isto significa que ambas as colecções têm modelos densos semelhantes. Obtivemos um maior número de actividades na nossa coleção do que na amostra completa 13,80 > 4,94. O valor mostra que o nosso modelo contém mais actividades do que a amostra. Também temos processos com caminhos mais longos do que a amostra; o valor do diâmetro mostra a diferença 15,82 >8,21. O diâmetro refere-se ao caminho mais longo desde o nó inicial até ao nó final num modelo de processo. O valor mostra que o diâmetro médio do nosso modelo de processo é de 15082, enquanto o valor da amostra completa é de apenas 8,21. A nossa coleção contém um coeficiente de conetividade mais elevado do que a amostra e, além disso, temos processos maiores do que a amostra. Uma amostra maior utiliza mais actividades e, para as ligar, são necessários arcos. O CNC é o rácio entre arcos e nós. Tivemos de utilizar mais arcos, pelo que o nosso valor CNC é mais elevado. Um maior número de arcos cria muitas complexidades. Devido ao maior número de arcos, temos o valor máximo do grau médio dos conectores e o grau máximo do conetor. O grau é definido como os arcos de entrada e de saída de um conetor. Um grande número de arcos resulta num valor de grau elevado. O rácio de sequencialidade da amostra completa é de 0,31, ao passo que, devido à presença de mais sequências nos nossos modelos de processo, o nosso rácio de sequencialidade é de 0,406, pelo que 0,406 >0,31.

Além disso, na nossa coleção, não existem incompatibilidades de conectores e, por conseguinte, o valor da incompatibilidade de conectores é 0. Por outro lado, o valor da incompatibilidade de conectores da amostra completa é superior, com 4,55. Isto significa que o valor mea de 0<4,55 em termos de incompatibilidade de conectores prova que a nossa coleção tem um elevado número de conectores de grau, mas todos são geridos e correspondem uns aos outros. As diferenças com outras colecções no modelo de serviço são de densidade inferior à da nossa coleção, uma vez que a densidade média é de 0,077 > 0,05. No entanto, este é um rácio de densidade bastante razoável em relação a outras colecções de processos. Além disso, o grau máximo de conectorização do modelo de serviço é quase igual ao da nossa coleção, que é 2,94 = 2,30. O rácio de sequencialidade também é muito inferior ao da nossa coleção. Isto mostra que o modelo de serviço contém menos modelos de sequência do que a nossa coleção 0,40 > 0,26. O valor médio do tamanho do modelo de serviço mostra que este tem menos modelos de tamanho do que a nossa coleção 19,55 > 15,71. Além disso, o número total de actividades do modelo de serviço também é inferior ao da nossa coleção, sendo a diferença evidente nos valoresl3,80 > 5,45.

Quadro 32: Comparação com o modelo de serviço

Parameters	Service model Std	Our Std Dev	Service model	Our Mean	Minimum values	Maximum values	Observations
S(N)	22.14	7.154908826	15.71	19.55862069	11	54	+
S(E)	9.54	0	7.80	0	0	0	NP
S(ES)	1.99	0	2.02	1	1	1	NP
S(EE)	2.35	0	2.08	1	1	1	NP
S(F)	8.23	5.384257598	5.45	13.80689655	7	39	+
S(C)	4.37	2.211949436	4.20	3.75862069	0	12	=
S©AND	1.26	1.508215052	1.88	1.255172414	0	8	=
S©XOR	2.34	1.787783147	3.01	2.503448276	0	12	=
S©OR	0.77	0	1.27	0	0	0	+
S(J)AND	0.56	0.754107526	0.93	0.627586207	0	4	-
S(J)XOR	0.94	0.96092229	1.38	1.275862069	0	6	=
S(J)OR	0.37	0	0.69	0	0	0	+
S(S)AND	0.68	0.754107526	1.06	0.627586207	0	4	-
S(S)XOR	1.27	0.959276148	1.76	1.268965517	0	6	=
S(S)OR	0.33	0	0.57	0	0	0	+
Diameter	12.25	5.229017548	7.90	15.82068966	8	37	+
Density	0.07	0.018782405	0.05	0.077944828	0.019	0.1	-
CNC	0.97	0.094126944	0.13	1.03927931	0.91	1.25	-
AvgD of Connecto	3.12	0.585118778	1.66	2.926206897	0	4	-
Maxdegree of a connector	3.85	0.598369432	2.30	2.944827586	0	4	=
separability ratio	0.56	0.1957659	0.25	0.352223776	0.055	0.87	+
sequentiality ratio	0.45	0.165750311	0.26	0.406710345	0.052	1	+
Cyclicity	0.04	0	0.13	0	0	0	+
token split	1.84	0.750159625	2.66	-0.310344828	-1	3	NP
connector mismatch	2.84	0	3.42	0	0	0	+

O diâmetro do modelo de serviço também é inferior ao da nossa coleção, uma vez que o modelo de serviço tem um valor médio de diâmetro de 7,90, enquanto o valor da nossa coleção é de 15,82. Este valor é quase o dobro do valor do modelo de serviço. O modelo de serviço contém um modelo com ciclos e o valor da ciclicidade é 0< 0,13. O nosso modelo de processo não contém quaisquer ciclos. Em comparação com a nossa coleção, o valor da incompatibilidade de conectores do modelo de serviço é mais elevado, ou seja, 0< 3,42. Esta diferença mostra que não existe incompatibilidade na nossa coleção de modelos de processos, razão pela qual o valor é 0. Na nossa coleção, utilizámos muitos arcos e, por isso, o nosso modelo de processos tem um maior número de CNC e todos os valores de grau dos conectores. A nossa coleção foi desenvolvida de acordo com as orientações disponíveis para a modelação de processos, que foram analisadas em pormenor no capítulo 3. De acordo com estas diretrizes, tem de haver um evento de fim e um evento de início numa coleção. O valor médio de ambos os eventos de fim e início da nossa coleção é 1. Por outro lado, o valor dos nós de início e fim no modelo de serviço é 2,02 e 2,08, respetivamente.

Quadro 33: Comparação com o modelo financeiro

Parameters	Finance model	Our Std Dev	Finance model	Our Mean	Minimum values	Maximum values	Observations
S(N)	19.50	7.154908826	15.30	19.55862069	11	54	+
S(E)	9.93	0	7.41	0	0	0	NP
S(ES)	1.59	0	1.12	1	1	1	NP
S(EE)	1.77	0	1.24	1	1	1	NP
S(F)	6.22	5.384257598	4.79	13.80689655	7	39	+
S(C)	3.35	2.211949436	3.90	3.75862069	0	12	=
S©AND	0.48	1.508215052	1.27	1.255172414	0	8	+
S©XOR	2.29	1.787783147	2.99	2.503448276	0	12	=
S©OR	0.57	0	1.45	0	0	0	+
S(J)AND	0.27	0.754107526	0.71	0.627586207	0	4	-
S(J)XOR	1.00	0.96092229	1.41	1.275862069	0	6	-
S(J)OR	0.32	0	0.73	0	0	0	+
S(S)AND	0.22	0.754107526	0.64	0.627586207	0	4	=
S(S)XOR	1.36	0.959276148	1.81	1.268965517	0	6	-
S(S)OR	0.25	0	0.74	0	0	0	+
Diameter	7.90	5.229017548	12.27	15.82068966	8	37	-
Density	0.05	0.018782405	0.09	0.077944828	0.019	0.1	+
CNC	0.13	0.094126944	0.96	1.03927931	0.91	1.25	-
AvgD of Connecto	1.66	0.585118778	2.50	2.926206897	0	4	=
Maxdegree of a connector	2.30	0.598369432	2.91	2.944827586	0	4	=
separability ratio	0.25	0.1957659	0.60	0.352223776	0.055	0.87	+
sequentiality ratio	0.26	0.165750311	0.59	0.406710345	0.052	1	+
Cyclicity	0.13	0	0.00	0	0	0	+
token split	2.66	0.750159625	0.91	-0.310344828	-1	3	NP
connector mismatch	3.42	0	1.68	0	0	0	+

Na Tabela 33, demonstra-se que a nossa coleção tem processos muito mais convenientes do que o modelo financeiro. Há menos modelos densos em comparação com o modelo financeiro e a densidade do valor de base é 0,077 < 0,09. Os processos sequenciados são também menos numerosos na nossa coleção, pelo que o nosso rácio de sequencialidade é inferior ao do modelo financeiro, que é de 0,04 < 0,05. O número de actividades na nossa coleção é superior ao do modelo financeiro 13,80 > 4,89. Ainda assim, o diâmetro dos modelos de processo é maior na nossa coleção do que na coleção de modelos financeiros. O valor médio do diâmetro da nossa coleção é 15,82 > 12,27. O valor do desajuste dos conectores é inferior ao do modelo financeiro, e este aspeto é bastante vantajoso para uma coleção. O valor do desencontro de conectores é 0 < 1,68. O valor da ciclicidade do modelo financeiro é 0, que é igual ao valor do nosso modo, ou seja, 0. Por conseguinte, o valor da ciclicidade é0 = 0.

O número de graus médios dos conectores é quase igual em ambos os modelos e o grau máximo dos valores dos conectores mostra que o valor do grau médio de igualdade é 2,9 = 2,50.
O valor máximo do grau é 2,94 = 2,92. Na nossa coleção, o número de coeficientes de conetividade é inferior ao do modelo financeiro, que é 1,03 > 0,96. Este facto constitui, de facto, uma vantagem do modelo financeiro. Na nossa coleção, há um evento de fim e um evento de início, enquanto no modelo financeiro o valor de S(EE) e S(ES) é de 1,12 e 1,24, respetivamente. No entanto, o valor médio de S(EE) e S(ES) da nossa coleção é 1 e 1 <1,12, bem como 1 < 1,24. O número de portas utilizadas é quase semelhante no nosso modelo e no modelo financeiro, pelo que o valor de S(C) é 3,75 = 3,90. No entanto, a porta OR não foi utilizada na nossa coleção e utilizámos as portas XOR e AND. Por conseguinte, o número de portas utilizadas pode ser igual, mas a qualidade das portas utilizadas não é a mesma. De acordo com as diretrizes de modelização, a porta OR cria confusão nos modelos de processos e, por isso, evitámos a sua utilização na nossa coleção de modelos de processos.

Quadro 34: Comparação com o modelo de consultoria

Parameters	Consulting model Std	Our Std Dev	Consulting model	Our Mean	Minimum values	Maximum values	Observations
S(N)	27.64	7.154908826	21.35	19.55862069	11	54	-
S(E)	13.20	0	9.99	0	0	0	NP
S(ES)	3.43	0	3.38	1	1	1	NP
S(EE)	3.39	0	3.12	1	1	1	NP
S(F)	7.22	5.384257598	5.95	13.80689655	7	39	+
S(C)	7.22	2.211949436	6.96	3.75862069	0	12	-
S©AND	3.37	1.508215052	3.71	1.255172414	0	8	-
S©XOR	3.49	1.787783147	4.05	2.503448276	0	12	-
S©OR	0.35	0	0.89	0	0	0	+
S(J)AND	1.64	0.754107526	2.01	0.627586207	0	4	-
S(J)XOR	1.49	0.96092229	1.93	1.275862069	0	6	-
S(J)OR	0.22	0	0.54	0	0	0	+
S(S)AND	1.51	0.754107526	1.79	0.627586207	0	4	-
S(S)XOR	1.88	0.959276148	2.19	1.268965517	0	6	-
S(S)OR	0.13	0	0.46	0	0	0	+
Diameter	28.14	5.229017548	14.83	15.82068966	8	37	+
Density	14.83	0.018782405	0.06	0.077944828	0.019	0.1	+
CNC	0.06	0.094126944	1.00	1.03927931	0.91	1.25	=
AvgD of Connecto	1.00	0.585118778	3.08	2.926206897	0	4	+
Maxdegree of a connector	3.08	0.598369432	3.81	2.944827586	0	4	+
separability ratio	3.81	0.1957659	0.50	0.352223776	0.055	0.87	+
sequentiality ratio	0.50	0.165750311	0.32	0.406710345	0.052	1	+
Cyclicity	0.02	0	0.02	0	0	0	+
token split	2.13	0.750159625	2.13	-0.310344828	-1	3	NP
connector mismatch	3.95	0	3.95	0	0	0	+

Na Tabela 34, ilustrámos as métricas estruturais do modelo de consultoria. O valor médio do tamanho do processo deste modelo é 21, que é maior do que qualquer outra coleção, mesmo a nossa 19,55 < 21,35.

Os modelos de consultoria têm normalmente dimensões maiores, mas o número de actividades utilizadas é baixo. O valor médio de S (F) do modelo de consultoria é de 5,95, enquanto a nossa coleção contém mais actividades e, por conseguinte, o seu valor médio é de 13,80. Este valor é bastante elevado se o compararmos com o modelo de consultoria13,80 > 5,95. O número de coeficientes de conetividade é igual tanto no modelo financeiro como na nossa coleção, ou seja, 1,03 = 1. O coeficiente de conetividade mostra o número de arcos utilizados para ligar uma atividade à outra. O valor mínimo do grau médio de ligação na nossa coleção e o grau máximo de ligação, que são 2,92 < 3,08 e 2,94 <3,81, mostram a eficácia da nossa coleção. Com um número tão elevado de actividades, a nossa coleção tem um menor número de graus de conectores do que o modelo de consultoria e o seu valor do rácio de sequencialidade é também superior ao do modelo de consultoria, que é 0,40 > 032. Evidentemente, a nossa coleção apresenta um processo sequencial muito mais sustentado do que o modelo de consultoria. Em termos de rácio de separabilidade, o nosso modelo tem um valor inferior ao do modelo de consultoria, que é de 0,35 < 0,50. O rácio de separabilidade mostra a concretização dos modelos de processo e a nossa coleção é mais eminente do que o modelo de consultoria. O valor do diâmetro do modelo de consultoria é menor do que a nossa coleção, que é 15,83 > 14,82. No modelo de consultoria, o rácio de ciclicidade é de 0,02, enquanto o nosso modelo tem um valor de ciclicidade de 0. É de notar que as diretrizes não recomendam a ciclicidade. O valor do desajuste do conetor do modelo de consultoria é bastante elevado comparativamente ao nosso modelo, que é de 0< 3,95.

A incompatibilidade de conectores representa as portas individuais utilizadas em qualquer modelo de processo e procura problemas como a utilização de divisões sem junção ou vice-versa ou a divisão de uma porta que se junta a outra porta, o que acaba por criar incompatibilidades de conectores. Basicamente, a incompatibilidade de conectores é um erro, de acordo com as diretrizes de modelação. Tivemos muito cuidado com este erro e seguimos rigorosamente as diretrizes de modelação para o evitar na nossa coleção. Os ciclos e as incompatibilidades de conectores indicam que o modelo de processo tem uma série de portas e loops não emparelhados, o que não pode ser considerado um ponto positivo para qualquer modelo. Se um modelo de processo é maior em tamanho, também tem de ser facilmente compreensível. Os loops em qualquer modelo afectam o nível de compreensão do modelo. No entanto, se o modelo de um processo for maior, mas não contiver quaisquer ciclos ou incompatibilidades, o processo pode ser considerado isento de erros e fácil de compreender. A ausência de ciclos e de incompatibilidades de conectores na nossa coleção torna-a mais clara e mais fácil de compreender do que as outras colecções.

Capítulo 5

As consultas Gold Standard

Na nossa recolha de dados, efectuámos revisões estruturais e baseadas em etiquetas. Após as revisões, adquirimos variantes estruturais e de etiquetas da coleção. Estas variantes eram obrigatórias para efetuar as revisões. Selecionámos igualmente as consultas de cada revisão e anotámos os modelos de processo com 26 métricas estruturais (densidade, diâmetro e tamanho, etc.). A busca de consultas foi efectuada de acordo com os valores obtidos a partir das métricas estruturais. Apenas 11 das 26 métricas tinham valores sólidos, pelo que selecionámos as consultas com a ajuda de apenas 11 métricas estruturais. Para cada revisão, foram selecionados 33 modelos de processos (3 para cada métrica - Mínimo, Máximo e Média). Os detalhes das métricas utilizadas para a geração de consultas são apresentados na Tabela 35.

Na Tabela 36, foram descritas as 11 métricas com valores claros e sólidos e ignorámos as métricas que não variavam com a coleção, como a Ciclicidade, que tem valor zero para a coleção completa. Outra métrica sem importância foi a Token Split. O Token Split é calculado através da soma das portas AND mais a soma das portas OR menos um, ou seja, TS = (AND+OR)-1. Devido à ausência de portas na nossa coleção completa, o valor deToken Split era negativo, e os valores negativos não são considerados para a geração de consultas. A métrica Connector Mismatch também foi ignorada. Incompatibilidade de conectores significa MM(G) = MM ou _MMxor + MMe. Uma vez que não existem incompatibilidades de conectores na nossa coleção, o valor de incompatibilidade é zero. Como já foi referido, não podemos utilizar valores negativos ou zero. Os parâmetros S (EE), S (ES) e S (E) também foram ignorados porque criámos a nossa coleção em BPMN, que não contém eventos como o EPC. Como não registámos qualquer evento na nossa coleção, ignorámos S (E). S (EE) e S (ES) são o número de eventos de fim e de início num modelo de processo. Foi utilizado apenas um evento de fim e um evento de início para cada modelo de processo da nossa coleção.

Estas métricas têm os mesmos valores para cada modelo de processo e, como precisávamos de métricas com valores diferentes, também as ignorámos.

Tabela 35: métricas estruturais utilizadas no processo de consulta

Metric	Exact	Near Copy	Light Revision	Heavy Revision
	✓	✓	✓	✓
Diameter	✓	✓	✓	✓
Density	✓	✓	✓	✓
Coefficient of connectivity	✓	✓	✓	✓
Average degree of connectors	✓	✓	✓	✓
The maximum degree of a connector.	✓	✓	✓	✓
separability ratio	✓	✓	✓	✓
sequentiality ratio	✓	✓	✓	✓
The connector mismatch	✓	✓	✓	✓
Cyclicity	×	×	×	×
The token split	×	×	×	×
S(N)	×	×	×	×
S(E)	×	×	×	×
S(ES)	×	×	×	×
S(EE)	×	×	×	×
S(F)	✓	✓	✓	✓
S(C)	✓	✓	✓	✓
S(C)AND	×	×	×	×
S(C)XOR	×	×	×	×
S(C)OR	×	×	×	×
S(J)And	×	×	×	×
S(S)And	×	×	×	×
S(J)XOR	×	×	×	×
S(S)XOR	×	×	×	×
S(J)OR	×	×	×	×
S(S)OR	×	×	×	×

5.10 processo de geração de consultas

O processo de geração da consulta foi bastante moroso, razão pela qual tivemos de dividir a consulta

O processo de geração de energia é dividido em diferentes etapas. As etapas são apresentadas na Figura 24.

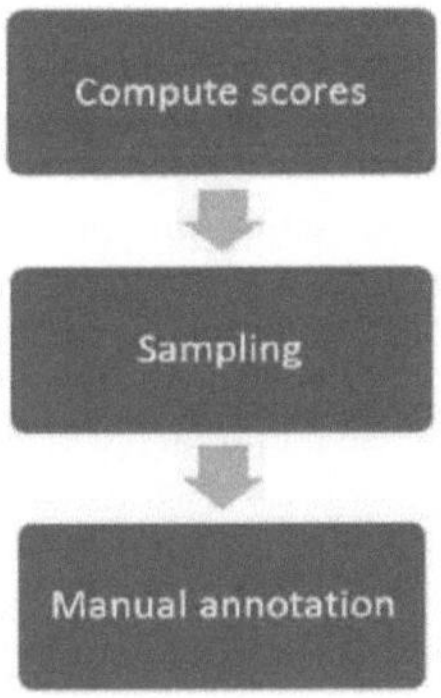

Figura 24: Etapas da geração de consultas

5.2Computar pontuações

Temos 4 tipos de modelos de processos, modelos originais e três revisões destes modelos, nomeadamente (1) Cópia aproximada, (2) Revisão ligeira e (3) Revisão pesada. Para selecionar modelos de processos como consultas, analisámos os valores métricos de cada peça e iniciámos o processo de seleção. Com base nos valores mínimo, máximo e médio de cada métrica, extraímos trinta e três consultas de cada secção da coleção. Isto é, três consultas do original e uma de cada revisão. No total, foram geradas 132 consultas a partir da coleção. Tínhamos 11 métricas em relação a cada secção e, por conseguinte, foram selecionadas 3 consultas como o valor mais baixo, mais alto e médio dessa métrica.

5. 3Amostragem

Na nossa coleção, existem 150 processos originais e 450 modelos revistos. Para gerar uma consulta única, é importante seguir as regras de amostragem. É quase impossível obter consultas que sejam únicas e que tenham valores mínimos, máximos e medianos distintos. Por conseguinte, os modelos de processos foram amostrados em diferentes grupos. Um valor estrutural com 8 como valor médio, mas o problema é apenas com um processo, então, para a consulta média, escolhemos esse processo apenas uma vez e não o escolhemos para qualquer outra métrica para manter a exclusividade. Pegámos nos dados de amostragem em que o valor médio era 8, o valor máximo 16 e o valor mínimo 4. Selecionámos 8 a 13 nos valores médios, 14 a 16 nos valores máximos e 4 a 7 nos valores mínimos. Desta forma, poderíamos escolher um processo com um valor de 9 ou 10 como processo médio e o mesmo para os valores mínimo e máximo. Com a ajuda da amostragem, o nosso processo de obtenção de consultas tornou-se muito fácil e conseguimos atingir a exclusividade.

5. 4Anotação manual

A criação do Gold Standard requer o desenvolvimento de consultas a partir da coleção disponível. Neste passo, observámos como as consultas foram geradas a partir da coleção e como a correspondência foi realizada a partir dessas consultas. No terceiro capítulo, discutimos as métricas estruturais; a coleção é composta por 600 modelos de processos e, para os avaliar, foi efectuada uma anotação manual relativamente a essas métricas. A Tabela 7 do capítulo 3 apresenta as métricas estruturais. Existem 11 métricas estruturais significativas e cada uma tem os seus valores mínimo, máximo e mediano para cada processo da coleção. Tínhamos quatro tipos de modelos de processos e, por isso, precisávamos de obter consultas de todas as secções para manter a paridade.

Após a extração da consulta, foi iniciado o processo de anotação manual. Tivemos de anotar manualmente cada consulta com 600 modelos de processos. Foram extraídas cerca de 132 consultas da coleção e, para cada consulta anotada com 600 modelos de processos, foi necessário efetuar cerca de 79200 iterações. Esta era obviamente uma tarefa difícil. Para resolver este problema, classificámos a recolha de dados em diferentes categorias. A Tabela 36 e a Tabela 37 apresentam a classificação da coleção.

Quadro 36: Classificação da recolha

Main Category	Sub Category	Process Models
Admission	Admission	p78,p142,p143,p144,p145,p146,p147,p148,p149,p150
Birth Registration Process	Birth Registration Process	p135,p136,p137,p138,p139,p140,p141
Claim process	General claim cases	p70,p119,p122
	Support claim	p46,p62,p74
	Ticket change	p1,p116
Dispatch process	fund dispatch	p64
	general dispatch	p52,p61,p101
	vehicle export	p88
Enrollment	Enrollment	p2,p4,p87,p142
Insurance Processes	Insurance Process	p113,p120
Medical Checkup Process	Medical Checkup Process	p37,p68,p114,p129
Order Processes	Core Order, Shipment and manufacturer	p5,p7,p16,p20,p49,p90,p96,p103
	Food Order	p3,p9,p79,p102
	Product Processing ,warehouse	p56,p57,p83,p85,p89,p124,p125,p131
	Production	p15,p22,p81,p97,p99,p102
	Purchase and sales	p6,p8,p19,p30,p33,p39,p47,p54,p57,p77,p107
	Service Process	p13,p31,p36,p73,p86
Payment processes	Credit payment	p11,p58,p105,p106,p110
	General Payment process	p11,p17,p92
Project Evaluation Processes	project evaluate processes	p28,p71,p126
	Project Query Process	p25,p59
Quality assurance Processes	Quality assurance processes	p15,p91,p97,p100,p123,p134
Quotation offer processes	Quotation offer processes	p27,p30,p51,p65,p108
	Bidding	p44
Repairing Processes	Repairing Processes	p24,p32
Request Processes	General Requests	p12,p66,p72,p76,p117,p128
	Job Request application	p18,p35,p55,p127
	Legal Assistance request	p98
	Loan requests	p23,p40,p67,p111
	Service request	p109
	Flight Booking	p10,p38,p42,p115,p118
	Hotel Booking	p53
Selection Processes	Selection Process	p34,p63
Training Processes	Training processes	p43,p80
website Processes	core signup processes, website launch processes	p94,p121,p133,p93

Tabela 37:Classes que têm apenas um processo

Main Category	Sub Category	Process Models
Discussion Process	Discussion Process	p14
co. Expense process	co. Expense process	p26
license lifecycle	license lifecycle	p29
SAT test process	SAT test process	p41
sample testing process	sample testing process	p45
account creation process	account creation process	p48
change management process	change management process	p50
Registration authority relationship process	Registration authority relationship process	p60
Need based scholarship process	Need based scholarship process	p69
mms configuration process	mms configuration process	p75
contract process	contract process	p82
shoot process	shoot process	p84
hoteling process	hoteling process	p95
feedback process	feedback process	p112
program design management	program design management	p130
Meal process	meal process	p132
Waterfall model process	Waterfall model	p104

Após a categorização, fizemos corresponder cada modelo de processo à sua categoria em vez da coleção completa. Esta categorização tornou o nosso processo de correspondência de consultas conveniente e reduziu os esforços e o tempo necessários. A consulta e os resultados correspondentes são apresentados no apêndice.

5.5As consultas geradas

Os quadros seguintes apresentam as consultas selecionadas da coleção. Os quadros 38, 39, 40 e 41 mostram as consultas selecionadas de cada secção.

Tabela 38: As consultas geradas a partir das secções dos modelos de processo originais

	original process models queries					
List of variable	**Min**	**Values**	**Avg**	**Values**	**Max**	**Values**
Size	P(26)	11	P(111)	19	P(109)	54
Diameter	P(67)	9	P(92)	16	P(145)	34
Density	P(142)	0.026	P(15)	0.062	P(26)	0.1
Coefficient of Connectivity	P(110)	0.92	P(105)	1.04	p(146)	1.25
Avg degree of Connectors	P(121)	0	P(11)	2.5	P(40)	4
Max Degree of Connectors	P(37)	0	P(88)	3	P(93)	4
Seperability ratio	P(53)	0.058	P(7)	0.34	P(128)	0.83
Sequentiality ratio	P(14)	0.052	P(78)	0.38	P(71)	1
Token Split	P(66)	-1	P(63)	0	P(26)	2
S [F]	P(70)	7	P(58)	13	P(150)	31
S [C]	P(71)	0	P(94)	4	P(82)	10

Tabela 39: As consultas geradas a partir das secções dos modelos de processo Near Copy

Near Copy process models queries						
List of variable	**Min**	**Values**	**Avg**	**Values**	**Max**	**Values**
Size	P(59)NC	11	P(66)NC	18	P(145)NC	45
Diameter	P(41)NC	8	P(92)NC	16	P(136)NC	30
Density	P(145)NC	0.023	P(126)NC	0.06	P(59)NC	0.1
Coefficient of Connectivity	P(110)NC	0.92	P(125)NC	1.04	P(112)NC	1.1875
Avg degree of Connectors	P(37)NC	0	P(85)NC	2.5	P(61)NC	4
Max Degree of Connectors	P(71)NC	0	P(103)NC	3	P(55)NC	4
Seperability ratio	P(91)NC	0.71	P(137)NC	0.35	P(39)NC	0.71
Sequentiality ratio	P(83)NC	0.17	P(104)NC	0.45	P(128)NC	0.83
Token Split	P(133)NC	-1	P(101)NC	0	P(142)NC	3
S [F]	P(20)NC	8	P(113)NC	13	P(150)NC	31
S [C]	P(128)NC	0	P(12)NC	4	P(146)NC	10

Tabela 40: As consultas geradas a partir das secções dos modelos de processo da Revisão da Luz

Light Revision process models queries						
List of variable	**Min**	**values**	**Avg**	**values**	**Max**	**values**
Size	P(65)LR	12	P(113)LR	17	P(150)LR	43
Diameter	P(61)LR	9	P(63)LR	15	P(136)LR	30
Density	P(109)LR	0.019	P(19)LR	0.066	P(59)LR	0.1
Coefficient of Connectivity	P(37)LR	0.91	P(144)LR	1.03	P(14)LR	1.11
Avg degree of Connectors	P(114)LR	0	P(15)LR	3	P(36)LR	4
Max Degree of Connectors	P(121)LR	0	P(5)LR	3	P(55)LR	4
Seperability ratio	P(30)LR	0.055	P(7)LR	0.34	P(126)LR	0.73
Sequentiality ratio	P(23)LR	0.133	P(125)LR	0.4	P(37)LR	0.81
Token Split	P(50)LR	-1	P(110)LR	1	P(83)LR	2
S [F]	P(12)LR	9	P(78)LR	13	P(142)LR	30
S [C]	P(47)LR	4	P(57)LR	2	P(109)LR	12

Tabela 41: Consultas geradas a partir da secção Modelos do processo de revisão pesada

Heavy Revision process models queries						
List of variable	**Min**	**values**	**Avg**	**values**	**Max**	**values**
Size	P(41)HR	13	P(125)HR	21	P(109)HR	49
Diameter	P(61)HR	9	P(119)HR	17	P(150)HR	36
Density	P(147)HR	0.018	P(128)HR	0.05	P(72)HR	0.098
Coefficient of Connectivity	P(19)HR	0.058	P(135)HR	1.03	P(51)HR	4
Avg degree of Connectors	P(126)HR	0	P(115)HR	2.8	P(83)HR	3.3
Max Degree of Connectors	P(140)HR	0	P(101)HR	3	P(4)HR	4
Seperability ratio	P(4)HR	0.0347	P(115)HR	0.35	P(93)HR	0.88
Sequentiality ratio	P(51)HR	0	P(121)HR	0.42	p(95)HR	0.75
Token Split	P(106)HR	-1	P(124)HR	0	P(130)HR	2
S [F]	P(32)HR	9	P(132)HR	17	P(150)HR	31
S [C]	P(123)HR	0	P(117)HR	4	P(105)HR	8

5.6A utilização da norma de ouro na investigação BPM

Existem numerosos e enormes repositórios disponíveis mas, infelizmente, não podem ser geridos corretamente. Numerosas técnicas automatizadas reivindicam a correspondência exacta de modelos de processos, mas essas técnicas só são aplicáveis a tipos de dados semelhantes ou apenas a um pequeno segmento de dados. Todas as técnicas têm a sua quota-parte de restrições.

Existem várias contribuições em repositórios de modelos de processos, tais como: filtragem de processos, correspondência entre processos semelhantes, deteção de clones e consulta de repositórios de modelos de processos e recuperação rápida e exacta de modelos de processos empresariais através da indexação e composição de modelos de processos. A maioria dos artefactos apresentados nestas contribuições é validada por uma pequena amostra de 100 modelos de processos e 10 consultas relacionadas com esses modelos. Com uma amostra pequena, não é suficientemente possível afirmar a exatidão, a precisão ou a eficiência do artefacto proposto. No entanto, para a configuração da experiência destinada a analisar a exatidão de um algoritmo de consulta, são efectuadas 1000 anotações manuais.

Os trabalhos recentes apresentam resultados vagamente verificados e, até à data, as abordagens para verificar a semelhança entre os processos não são efetivamente válidas devido à pequena quantidade de dados transmitidos. O problema é que os resultados de estudos anteriores não podem ser comparados com novos trabalhos devido à ausência de um conjunto de dados/coleção de processos de referência e de um conjunto de consultas para diferentes tipos de modelos de processos. Outro problema é que uma abordagem pode ser aplicável a alguns conjuntos de dados, mas pode não ser essencialmente válida para vários modelos de processos, domínios e complexidades, etc.

A norma de ouro exigia o desenvolvimento de uma abordagem válida, para a qual era necessário um exercício de construção de um conjunto de dados ou de uma coleção de processos ou de referências válidos e a análise dessa referência em função de diferentes métricas estruturais. O passo seguinte foi a geração de consultas a partir dessa coleção, seguida da correspondência manual dessas consultas com a coleção. Todo este processo foi necessário para estabelecer uma norma de ouro.

O objetivo desta investigação era definir um padrão de excelência para a gestão de processos empresariais. Foi criada uma referência de 600 modelos de processos, após o que efectuámos anotações manuais nessa referência e identificámos valores de métricas estruturais para cada modelo de processo. As anotações ajudaram a determinar a natureza da nossa coleção e vários outros aspectos, o que nos ajudou a criar consultas válidas. Na secção de geração de consultas, definimos a geração de consultas e a anotação de métricas foi explicada na secção de anotações manuais.

Tem de haver uma norma de ouro para este problema, uma vez que este problema serve o gestor de processos empresariais de uma forma muito produtiva em todo o mundo. Atualmente, a gestão de processos empresariais é um domínio altamente praticável e ainda não existe uma norma de ouro disponível para este domínio, o que constitui uma enorme lacuna. Atualmente, dispomos de uma coleção de modelos de processos empresariais normalizados e de uma consulta manual dos resultados dessa coleção. Para obter uma abordagem de correspondência válida para a modelação de processos, que não está atualmente disponível, o nosso conjunto de dados padrão-ouro pode ser utilizado, associando os resultados à correspondência manual. Se os resultados da correspondência manual obtidos e os resultados automatizados forem semelhantes ou tiverem algum nível de semelhança, então essa abordagem de correspondência tornar-se-á uma abordagem aplicável a todo o tipo de informação.

O nosso conjunto de dados, que faz parte da norma de ouro, estará disponível ao público. Será utilizado em diferentes tipos de experimentação de modelos de negócio. Todas as consultas correspondentes e os resultados das anotações serão disponibilizados, o que torna o padrão-ouro muito mais resistente e válido.

5.7As métricas de avaliação

A nossa empresa procedeu à anotação manual dos 600 modelos de processos com 132 consultas identificadas de forma única, tendo obtido um conjunto de resultados. A única razão por detrás da criação de uma norma de ouro é que, se alguém quiser utilizar a nossa coleção para propor a sua técnica e se os nossos resultados e os dele coincidirem, a técnica será considerada válida; caso contrário, será pedido a essa pessoa que melhore a sua técnica.

O problema é como é que alguém pode comparar os seus resultados com os nossos. E se for obtida uma correspondência parcial de resultados e não completa? Nesse caso, quem é que pode decidir se a técnica proposta é válida? Para resolver esta questão, devem existir algumas métricas para avaliar os resultados. A tabela 42 apresenta a lista de métricas de avaliação, especificadas por diferentes investigadores para avaliar este tipo de problemas.

Tabela 42: A lista de métricas de avaliação

No	Evaluation Metric
1	AU curve also called AUC
2	Precision
3	Recall
4	F-Measure

Existem 4 termos utilizados nas métricas de avaliação O quadro 43 apresenta os termos utilizados nas métricas de avaliação

Quadro 43: Termos utilizados na métrica de avaliação

		Observed	
		Positive	**Negative**
Literal	**Positive**	A. False Positive	B. False Negative
	Negative	C. True Positive	D. True Negative

A Tabela 43 contém quatro termos: (a) falso positivo, (b) falso negativo, (c) verdadeiro positivo, (d) verdadeiro negativo. A este respeito, falso positivo significa o valor que é observado como positivo mas que não é efetivamente positivo. Falso negativo significa que o valor observado parece negativo, mas na realidade não é negativo. Verdadeiro positivo significa que o valor detectado é realmente positivo e que o valor negativo detectado é realmente negativo.

5.7.1AUC (Área sob a curva)

Para determinar os resultados positivos e negativos, a AUC é um método muito famoso. Define:

- Entre duas técnicas, qual é a melhor com base numa análise média
- O valor padrão ou o valor da área padrão é 1
- A técnica que tem melhor desempenho do que a outra conteria um valor maior, mas não igual a 1.

A Figura 25 mostra o exemplo de uma área sob a curva.

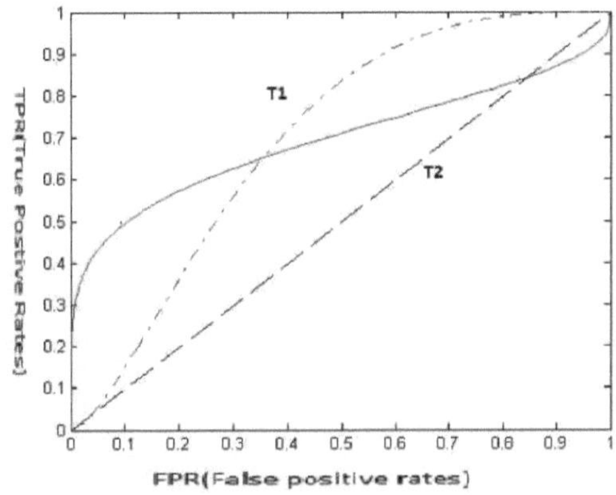

Figura 25: A área sob a curva

Nesta figura, as linhas diagonais mostram a norma e Tl, T2 são as duas técnicas, enquanto a área comum mostra os valores corretos. Nesta figura, há dois termos escritos, nomeadamente FPR (False Positive Rate - taxa de falsos positivos) e TPR (True Positive Rate - taxa de verdadeiros positivos). Aqui, TPR refere-se a valores que foram diagnosticados corretamente e FPR refere-se a valores que foram diagnosticados como verdadeiros mas que não o são na realidade. Com a ajuda desta figura, podemos facilmente determinar qual das duas técnicas é a melhor.

5.7.2Precessão e recuperação

A precessão é a proporção de casos verdadeiros identificados que estavam corretos. A precisão é determinada com esta fórmula:

$$\mathbf{P = C/C+A}$$

Aqui P = precessão; C = verdadeiros positivos e A = falsos positivos.

Por conseguinte, se precisarmos de avaliar técnicas, temos de comparar a precessão de todas as técnicas e determinar qual a técnica melhor do que a outra com base nos valores de precessão.

A recordação refere-se à proporção de valores de correção que foram observados corretamente. A fórmula de determinação da recuperação é a seguinte

$$\mathbf{R = C/C+B}$$

Nesta fórmula, "R" significa Recall, "C" significa verdadeiros positivos e B significa falsos negativos.

Os valores de recuperação das técnicas desempenham um papel importante na decisão de qual a técnica melhor do que a outra. O valor de recuperação determina os valores corretamente observados, pelo que o aumento dos valores observados corrigidos aumenta simultaneamente a validade da correção. A melhor técnica deve ter um valor de recuperação mais elevado.

5.7.3 Medida F

A medida F pode ser entendida como o método ou fórmula que ajuda a identificar a média dos valores de precisão e de recuperação de uma técnica. A média aritmética é utilizada para calcular a média. Mas qual é a necessidade da medida-F?

De facto, a certa altura, o valor médio obtido através da aritmética dá resultados inválidos, como por exemplo a média aritmética afirma que uma técnica com um resultado de (50%, 50%) será considerada melhor do que a técnica com um resultado de (80%, 20%). Por conseguinte, a medida F é utilizada para determinar a média da precisão e da recuperação de qualquer técnica proposta. A média harmónica é utilizada para calcular a medida-F e a fórmula é a seguinte para determinados pontos

X1, X2.... Xn:

$$\mathbf{1/H = 1/n\ \Sigma\ 1/xi}$$

A média harmónica da precisão e da recuperação é

$$\mathbf{1/F = ½\ (1/R+1/P) = P+R/2PR}$$

Assim, para encontrar a medida F de qualquer técnica:

Cada resultado de consulta é medido como um cluster ou uma classe

A precisão e a recuperação são calculadas para essa classe

Depois disso, os resultados são utilizados para medir a medida F de uma técnica específica.

Capítulo 6

Conclusão e trabalho futuro

6.1Síntese da contribuição

Tal como explicado no primeiro capítulo, o problema desta investigação foi a ausência de uma coleção padrão de modelos de processos empresariais para a realização de experiências de correspondência. Por conseguinte, criámos uma coleção Gold Standard de modelos de processos empresariais. Para criar e provar que a coleção é padrão, realizámos vários exercícios que envolveram várias etapas. O quadro 44 apresenta um breve resumo dessas etapas.

Quadro 44: As etapas da elaboração do padrão-ouro

No	Step
1	Data Collection
2	Conversion of Data in a meaningful format
3	Data Revisions
4	Evaluation with structural metrics
5	Comparison with existing collections
6	Query generation
7	Manual annotations of Queries

Recolha de dados: Foi o primeiro passo do nosso trabalho. Explorámos diferentes fontes (Internet, bibliotecas, artigos de investigação, etc.) para encontrar dados significativos, mas não conseguimos encontrar dados relevantes e significativos. Assim, recolhemos cerca de 400 imagens de modelos de processos empresariais, mas estes estavam em diferentes linguagens de modelação, como BPN, EPC, YAWL e BPEL, etc. Escolhemos uma linguagem padrão (BPMN) para construir a nossa coleção de modelos de processos. Após a seleção da linguagem, retirámos ideias das 400 imagens que recolhemos e começámos a desenvolver os nossos próprios modelos de processos utilizando a ferramenta de modelação Signavio. Outra razão para criarmos os nossos próprios modelos de processos foi o facto de não podermos fazer qualquer experimentação de imagens e, por isso, criámos os nossos próprios modelos de processos no Signavio.

Conversão de imagens: Para converter essas imagens num formato significativo, selecionámos uma ferramenta de modelação (Signavio) e criámos 150 modelos de processos significativos em formato JSON e BPMN2.0 XML. Estes formatos de scripting são formatos muito utilizáveis em qualquer aplicação.

Revisões de dados: Esta foi a terceira etapa do nosso projeto. Uma vez que era necessário que uma coleção padrão contivesse todas as variantes (baseadas na etiqueta, no comportamento e na estrutura), realizámos três tipos de revisões. A cópia próxima e a revisão ligeira para a aquisição de variantes de etiqueta e a revisão pesada foram efectuadas para a obtenção de variantes estruturais. Na cópia próxima, procedemos à alteração dos sinónimos na etiqueta de cada atividade da nossa coleção. Na revisão ligeira, alterámos a etiqueta de uma forma mais detalhada. Posteriormente, efectuámos alterações estruturais para realizar a revisão pesada. Para as revisões, criámos quase todos os tipos de variação na nossa coleção para criar uma coleção padrão.

Avaliação de métricas estruturais: Foi o 4th passo para o nosso objetivo de criar um Gold Standard. Pegámos em 26 métricas estruturais do livro de Jan Mendling [20] [Metrics for Process Models]. Para cada modelo de processo, anotámos manualmente 26 métricas. No total, a coleção continha 600 modelos de processos, pelo que realizámos um total de 15 600 iterações.

Comparações: Depois de encontrar as métricas estruturais de cada modelo de processo, efectuámos comparações com as colecções de modelos de processo existentes (coleção SAP, modelo financeiro, modelo de consultoria, etc.). A comparação mostra que temos melhores resultados do que outras colecções. Os pormenores das comparações efectuadas são abordados no capítulo 4.

Geração de consultas: Para definir o Gold Standard, tivemos de selecionar consultas da nossa coleção de modelos de processos. O processo de seleção de consultas baseou-se nas métricas estruturais. Selecionámos 11 métricas estruturais, com base na sua importância em todos os aspectos da modelação de processos. Para cada métrica, selecionámos 3 consultas/modelos de processos com base nos valores mínimo, máximo e médio. Gerámos um total de 132 consultas.

Correspondência de consultas: Foi o passo final da nossa investigação. Efectuámos a correspondência das consultas com a nossa coleção manualmente através da anotação manual de cada consulta selecionada. Havia 132 consultas e 600 modelos de processos na coleção. Para cada consulta, foram necessárias 600 iterações para obter resultados. No total, foram efectuadas 79200 comparações para determinar a relevância entre as consultas e a coleção. Os pormenores encontram-se no capítulo 5.

6.2 Cumprimento dos objectivos

Era necessário atingir três objectivos básicos, que são apresentados no quadro 45.

Quadro 45: Objectivos do nosso trabalho

No	Objectives
1	Making of Standard BPMN collection
2	Structural comparisons with existing collections
3	Stating a Gold Standard of business process modeling

Para desenvolver uma norma de ouro para a modelação de processos empresariais, tivemos de cumprir os objectivos pré-determinados. O problema é que não existe uma coleção pública normalizada de modelos de processos empresariais disponíveis para experimentação e não existe uma técnica perfeita de correspondência disponível na modelação de processos. Embora existam técnicas disponíveis, essas técnicas não são válidas. As técnicas existentes só funcionam com pequenos conjuntos de dados ou só são comprovadas através de um pequeno conjunto de consultas e têm demasiadas restrições. Assim, para este problema, deveria existir uma coleção normalizada que pudesse incorporar todas as formas de informação.

O primeiro objetivo de criar uma coleção normalizada foi cumprido através de muitas etapas difíceis, nas quais se incluíram a modelação da recolha de dados e a revisão dos dados. Depois de criar uma coleção padrão, tivemos de comparar a nossa coleção com outras colecções para validar que a nossa coleção tinha resultados comparativamente melhores do que outras amostras. Para atingir este objetivo, realizámos uma análise estrutural da nossa coleção e obtivemos valores estruturais para comparar com outras colecções. A comparação indica que fornecemos uma coleção fiável para as experiências.

O terceiro, último e mais importante objetivo era estabelecer uma norma de ouro para a modelação de processos empresariais. A realização deste objetivo baseou-se nos dois objectivos anteriores. Para estabelecer uma norma de ouro, tivemos de efetuar a geração e a correspondência de consultas manualmente. Assim, gerámos 132 consultas e fizemo-las corresponder manualmente a cada modelo de processo da coleção e indicámos os resultados obtidos com cada conjunto de consultas. Se alguém quiser propor uma técnica, pode executá-la na nossa coleção e comparar os seus resultados com os nossos. Se os resultados coincidirem, a técnica será considerada bem sucedida; se não coincidirem, a técnica terá de ser melhorada. Assim, conseguimos criar uma coleção de modelos de processos publicamente disponível, que não estava disponível antes, e um conjunto de resultados de consulta padrão-ouro que permite às pessoas determinar as suas técnicas de modelação de processos empresariais.

6.3 Conclusões do estudo

Na nossa investigação até à data, identificámos que são necessários grandes esforços para desenvolver uma boa técnica de correspondência de modelos de processos. As técnicas existentes não são compatíveis com todos os conjuntos de dados e funcionam apenas para tipos específicos de conjuntos de dados. Descobrimos que a razão básica para não termos uma técnica de correspondência adequada é o facto de não existir uma coleção de modelos de processos empresariais normalizada disponível publicamente. Alguns dos repositórios disponíveis têm as suas próprias limitações, por exemplo, o MIT process handbook só tem descrições de modelos de processos e não módulos completos. Os modelos sintéticos de Z. Yan et al [21] são múltiplos do repositório SAP. O repositório SAP também não está disponível ao público. Todas as colecções têm as suas próprias limitações. Verificámos também que não existe um método normalizado disponível para criar qualquer técnica de correspondência. Assim, com a relevância destas conclusões, fornecemos uma coleção de BPMNs padrão publicamente disponível e um padrão de ouro para a modelação de processos empresariais.

6.4 Limitações

Criámos uma coleção BPMNS normalizada, mas ainda assim tem a sua quota-parte de limitações. A nossa coleção não contém variações comportamentais; a nossa coleção contém apenas variantes estruturais e baseadas em etiquetas. A nossa coleção é estabelecida ao longo do mesmo nível de abstração, o que significa que todos os modelos de processo têm quase o mesmo estilo de conceção, desenvolvimento e níveis de entrada e saída. Na nossa coleção, apenas as actividades são etiquetadas, os arcos, as portas e os eventos não são etiquetados. Esta é outra limitação, o que significa que a nossa coleção apenas responde aos modelos que requerem apenas actividades etiquetadas.

6.5 Trabalho futuro

Para estudos futuros, pretendemos incluir algumas variantes comportamentais na nossa coleção. A correspondência de consultas foi efectuada manualmente com base nas observações de um único juiz. Assim, no futuro, incluiremos mais alguns juízes para efetuar a correspondência de consultas e, com as consequências de todos os juízes, encontraremos estatísticas kappa para validar o processo de correspondência de consultas. Isto tornará a nossa correspondência de consultas muito mais fiável. Na correspondência de consultas, os resultados foram obtidos através do método de relevância binária, mas, no futuro, iremos reunir todos os resultados com o método de relevância não binária. Com o método de relevância não binária, haverá resultados graduados marcados em relação a cada consulta. Não seguimos as diretrizes TREC para as consultas, pelo que, no futuro, pretendemos utilizar diretrizes adequadas para gerar e anotar as consultas. Não efectuámos a análise semântica das etiquetas e vamos trabalhar para decompor semanticamente as nossas etiquetas de actividades.

Referências

6.6Shankararaman , Venky et al. Business Enterprise, Process, And Technology Management. Hershey, PA: Business Science Reference, 2012. Imprimir.

6.7Rodriguez , A., Fernandez-Medina, E., & Piattini, M. (2007). Uma extensão BPMN para a modelação de requisitos de segurança em processos empresariais. IEICE transactions on information and systems, 90(4), 745-752.

[3]Z. Yan, R. M. Dijkman, e P. W. P. J. Grefen. Repositórios de modelos de processos de negócios - estrutura e pesquisa. Information &Software Technology, 54(4):380{395, 2012.

[4]Jin, T., Wang, J., La Rosa, M., TerHofstede, A., & Wen, L. (2013). Efficient querying of large process model repositories.Computers In Industry, 64(1), 41--49.

[5]Dijkman, R., Dumas, M., Van Dongen, B., K\"a\"arik, R., &Mendling, J. (2011). Similaridade de modelos de processos de negócios: Métricas e avaliação. Sistemas de Informação, 36(2), 498--516.

[6]Dumas, M., Garc\'\iA-Ba\~nUelos, L., La Rosa, M., &Uba, R. (2013). Deteção rápida de clones exatos em repositórios de modelos de processos de negócios.Sistemas de Informação, 38(4), 619--633.

[7]Jin, T., Wang, J., Wu, N., La Rosa, M., &TerHofstede, A. (2010). Efficient and accurate retrieval ofbusiness process models through indexing. Springer, 402--409.

[8]Gottschalk, F., Wagemakers, T., Jansen-Vullers, M., van der Aalst, W., & La Rosa, M. (2009). Modelos de processos configuráveis: Experiências de um estudo de caso municipal, 486-500.

[9]White, S. A. (2004). Introdução ao BPMN. IBM Cooperation, 2(0), 0.

[10]Van Der Aalst, Wil MP, Arthur HM TerHofstede, e Mathias Weske. "Gestão de processos empresariais: A survey". Em Business process management, pp. 1-12. Springer Berlin Heidelberg, 2003.

[11] Wohed, P., van der Aalst, W. M., Dumas, M., ter Hofstede, A. H., & Russell, N. (2006). On the suitability of BPMN for business process modelling (pp. 161-176). Springer Berlin Heidelberg.

[12] Chinosi, M., & Trombetta, A. (2012). BPMN: Uma introdução ao padrão. Computer Standards & Interfaces, 34(1), 124-134.

[13] Mendling, J., Reijers, H. A., & van der Aalst, W. M. (2010). Sete diretrizes de modelação de

processos (7PMG). Information and Software Technology, 52(2), 127-136.

[14] Mendling, J. (2008). Metrics for process models: empirical foundations of verification, error prediction, and guidelines for correctness (Vol. 6). Springer Science & Business Media.

[15] Mendling, J. (2008). Metrics for process models: empirical foundations of verification, error prediction, and guidelines for correctness (Vol. 6). Springer Science & Business Media.

[16] Yan, Z., Dijkman, R., & Grefen, P. (2012). Business process model repositories- Framework and survey. Information and Software Technology, 54(4), 380-395.

[17] Elias, M. (2015). Desenho de Repositórios de Modelos de Processos de Negócio: Requisitos, Modelo de Anotação Semântica e Meta-modelo de Relacionamento.

[18] Elias, M. (2015). Desenho de Repositórios de Modelos de Processos de Negócio: Requisitos, Modelo de Anotação Semântica e Meta-modelo de Relacionamento.

[19] Yang, Z. (2007). PAML 4: análise filogenética por máxima verosimilhança. Molecular biology and evolution, 24(8), 1586-1591.

[20] Yang, Z. (2007). PAML 4: análise filogenética por máxima verosimilhança. Molecular biology and evolution, 24(8), 1586-1591.

[21] Mendling, J. (2008). Metrics for process models: empirical foundations of verification, error prediction, and guidelines for correctness (Vol. 6). Springer Science & Business Media.

Apêndice

Tabela 46: Total de consultas e respectivos resultados

Query	Results
P(26)	p26,p26(LR),p26(NC),p26(HR)
P(111)	p23,p40,p67,p111,p23(NC),p40(NC),p67(NC),p111(NC),p23(LR),p40(LR),p67(LR),
	p40(HR),p67(HR),p111(HR)
P(109)	p109.p109(NC),p109(LR),p109(HR)
P(67)	p23,p40,p67,p111,p23(NC),p40(NC),p67(NC),p111(NC),p23(LR),p40(LR),p67(LR),
	p40(HR),p67(HR)
P(92)	p11,p17,p92,p11(NC),p17(NC),p92(NC),p11(LR),p17(LR),p92(LR),p92(HR)
P(145)	p78,p142,p143,p144,p145,p146,p147,p148,p149,p150(),p78(NC),p142(NC)
	,p143(NC),p144(NC),p145(NC),p146(NC),p147(NC),p148(NC),p149(NC),p150(NC)
	p78(LR),p142(LR),p143(LR),p144(LR),p145(LR),p146(LR),p147(LR),p148(LR),p14
	p145(HR),148(HR),
P(142)	p78,p142,p143,p144,p145,p146,p147,p148,p149,p150(),p78(NC),p142(NC)
	,p143(NC),p144(NC),p145(NC),p146(NC),p147(NC),p148(NC),p149(NC),p150(NC)
	p78(LR),p142(LR),p143(LR),p144(LR),p145(LR),p146(LR),p147(LR),p148(LR),p14
	p144(HR),p145(HR),p148(HR),p149(HR)
P(15)	p15,p22,p81,p97,p99,p102,p15(NC),p22(NC),p81(NC),p97(NC),p99(NC),p102(NC)
	,p15(LR),p22(LR),p81(LR),p97(LR),p99(LR),p102(LR),p15(HR),p97(HR),p91,p97,p
	p91(NC),p97(NC),p100(NC),p123(NC),p134(NC),p91(LR),p97(LR),p100(LR),p123(
	p100(HR),p134(HR)
P(110)	p11,p58,p105,p106,p110,p11(NC),p58(NC),p105(NC),p106(NC),p110(NC)
	p11(LR),p58(LR),p105(LR),p106(LR),p110(LR),p106(HR),p110(HR)
P(105)	p11,p58,p105,p106,p110,p11(NC),p58(NC),p105(NC),p106(NC),p110(NC)
	p11(LR),p58(LR),p105(LR),p106(LR),p110(LR),p106(HR),p110(HR),105(HR),11(H
p(146)	p78,p142,p143,p144,p145,p146,p147,p148,p149,p150(),p78(NC),p142(NC)

	,p143(NC),p144(NC),p145(NC),p146(NC),p147(NC),p148(NC),p149(NC),p150(NC)
	p78(LR),p142(LR),p143(LR),p144(LR),p145(LR),p146(LR),p147(LR),p148(LR),p14
	p142(HR),p144(HR),p145(HR),p146(HR),p149(HR)
P(121)	p94,p121,p133,,p17,p92,p94(NC),p121(NC),p133(NC),p94(LR),p121(LR),p133(LR),
P(11)	p11,p58,p105,p106,p110,p11(NC),p58(NC),p105(NC),p106(NC),p110(NC),p17(NC),
	p11(LR),p58(LR),p105(LR),p106(LR),p110(LR),p17(LR),p92(LR),p105(HR),p17(H
P(40)	p23,p40,p67,p111,p23(NC),p40(NC),p67(NC),p111(NC),p23(LR),p40(LR),p67(LR),
	p67(HR),p111(HR)
P(37)	p37,p68,p114,p129,p132,p37(NC),p68(NC),p114(NC),p129(NC),p132(NC)
	p37(LR),p68(LR),p114(LR),p129(LR),p132(LR),p37(HR),p68(HR),p114(HR)
P(88)	p88,p88(NC),p88(LR)
P(93)	p93,p93(NC),p93(LR),p93(HR)
P(53)	p53,p53(NC),p53(LR),p53(HR)
P(7)	p5,p7,p16,p20,p49,p90,p96,p103,p5(NC),p7(NC),p16(NC),p20(NC),p49(NC),p90(N
	p103(NC),p5(LR),p7(LR),p16(LR),p20(LR),p49(LR),p90(LR),p96(LR),p103(LR),p9
P(128)	p12,p66,p72,p76,p117,p128,p12(NC),p66(NC),p72(NC),p76(NC),p117(NC),p128(N
	p12(LR),p66(LR),p72(LR),p76(LR),p117(LR),p128(LR),p128(HR)
P(14)	p14,p14(NC),p(LR),p14(LR),p14(HR)
P(78)	p78,p142,p143,p144,p145,p146,p147,p148,p149,p150(),p78(NC),p142(NC)
	,p143(NC),p144(NC),p145(NC),p146(NC),p147(NC),p148(NC),p149(NC),p150(NC)
	p78(LR),p142(LR),p143(LR),p144(LR),p145(LR),p146(LR),p147(LR),p148(LR),p14
	p145(HR),148(HR),p149(HR)
P(71)	p28,p71,p126,p28(NC),p71(NC),p126(NC),p28(LR),p71(LR),p126(LR),p126(HR),p7
P(66)	p12,p66,p72,p76,p117,p128,p12(NC),p66(NC),p72(NC),p76(NC),p117(NC),p128(N
	p12(LR),p66(LR),p72(LR),p76(LR),p117(LR),p128(LR),p12(HR),p66(HR)
P(63)	p34,p63,p34(NC),p63(NC),p34(LR),p63(LR),p53(HR)
P(70)	p70,p119,p122,p70(NC),p119(NC),p122(NC),p70(LR),p119(LR),p122(LR),P70(HR)
P(58)	p11,p58,p105,p106,p110(NC),p11(NC),p58(NC),p105(NC),p106(NC),p110(NC)
	p11(LR),p58(LR),p105(LR),p106(LR),p110(LR)

P(150)	p78,p142,p143,p144,p145,p146,p147,p148,p149,p150(),p78(NC),p142(NC)
	,p143(NC),p144(NC),p145(NC),p146(NC),p147(NC),p148(NC),p149(NC),p150(NC)
	p78(LR),p142(LR),p143(LR),p144(LR),p145(LR),p146(LR),p147(LR),p148(LR),p14
	p145(HR)
P(94)	p94,p121,p133,p94(NC),p121(NC),p133(NC),p94(LR),p121(LR),p133(LR),p94(HR),
P(82)	p82,p82(NC),p82(LR),p82(HR)
P(59)N	p25(NC),p59(NC),p25,p59,p25(LR),p59(LR),p59(HR),
P(66)N	p12(NC),p66(NC),p72(NC),p76(NC),p117(NC),p128(NC),p12,p66,p72,p76,p117,p12
	p12(LR),p66(LR),p72(LR),p76(LR),p117(LR),p128(LR),p12(HR),p66(HR)
P(145)	p78,p142,p143,p144,p145,p146,p147,p148,p149,p150(),p78(NC),p142(NC)
	,p143(NC),p144(NC),p145(NC),p146(NC),p147(NC),p148(NC),p149(NC),p150(NC)
	p78(LR),p142(LR),p143(LR),p144(LR),p145(LR),p146(LR),p147(LR),p148(LR),p14
	p145(HR)
P(41)N	p41(NC),p41,p41(LR),p41(HR)
P(92)N	p11(NC),p17(NC),p92(NC),p11,p17,p92,p11(LR),p17(LR),p92(LR),p92(HR)
P(136)	p135(NC),p136(NC),p137(NC),p138(NC),p139(NC),p140(NC),p141(NC)
	p135(LR),p136(LR),p137(LR),p138(LR),p139(LR),p140(LR),p135,p136,p137,p138,
	p136(HR),p138(HR),p135(HR)
P(126)	p28(NC),p71(NC),p126(NC),p28,p71,p126,p28(LR),p71(LR),p126(LR),p71(HR),126
P(110)	p11(NC),p58(NC),p105(NC),p106(NC),p110(NC),p11,p58,p105,p106,p110
	p11(LR),p58(LR),p105(LR),p106(LR),p110(LR),p106(HR),p110(HR)
P(125)	p56(NC),p57(NC),p83(NC),p85(NC),p89(NC),p124(NC),p125(NC),p131(NC)
	p56(LR),p57(LR),p83(LR),p85(LR),p89(LR),p124(LR),p125(LR),p131(LR)
	p56,p57,p83,p85,p89,p124,p125,p131,p83(HR),p125(HR)
P(112)	p112(NC),p112,p112(LR)
P(37)N	p37,p68,p114,p129,p132,p37(NC),p68(NC),p114(NC),p129(NC),p132(NC)
	p37(LR),p68(LR),p114(LR),p129(LR),p132(LR),p37(HR),p68(HR),p114(HR)
P(85)N	p56(NC),p57(NC),p83(NC),p85(NC),p89(NC),p124(NC),p125(NC),p131(NC)

	p56(LR),p57(LR),p83(LR),p85(LR),p89(LR),p124(LR),p125(LR),p131(LR)
	p56,p57,p83,p85,p89,p124,p125,p131,p83(HR),p85(HR)
P(61)N	p52(NC),p61(NC),p101(NC),p52(LR),p61(LR),p101(LR),p52,p61,p101,p61(HR)
P(71)N	p28,p71,p126,p28(NC),p71(NC),p126(NC),p28(LR),p71(LR),p126(LR),p126(HR),p7
P(103)	p5(NC),p7(NC),p16(NC),p20(NC),p49(NC),p90(NC),p96(NC),p103(NC),p5,p7,p16,
	,p103,,p5(LR),p7(LR),p16(LR),p20(LR),p49(LR),p90(LR),p96(LR),p103(LR),p90(H
P(55)N	p18(NC),p35(NC),p55(NC),p127(NC),p18(LR),p35(LR),p55(LR),p127(LR),p18,p35,
	p35(HR),p55(HR)
P(91)N	p15(NC),p91(NC),p97(NC),p100(NC),p123(NC),p134(NC),p15,p91,p97,p100,p123,p
	p15(LR),p91(LR),p97(LR),p100(LR),p123(LR),p134(LR), p91(HR)
P(137)	p135(NC),p136(NC),p137(NC),p138(NC),p139(NC),p140(NC),p141(NC)
	p135(LR),p136(LR),p137(LR),p138(LR),p139(LR),p140(LR),p135,p136,p137,p138,
	p136(HR),p138(HR),p135(HR)
P(39)N	p6(NC),p8(NC),p19(NC),p30(NC),p33(NC),p39(NC),p54(NC),p57(NC),p77(NC),p1
	p6,p8,p19,p30,p33,p39,p54,p57,p77,p107
	p6(LR),p8(LR),p19(LR),p30(LR),p33(LR),p39(LR),p54(LR),p57(LR),p77(LR),p107(
	p33(HR),p39(HR),p57(HR),p39(HR)
P(83)N	p56(NC),p57(NC),p83(NC),p85(NC),p89(NC),p124(NC),p125(NC),p131(NC)
	p56(LR),p57(LR),p83(LR),p85(LR),p89(LR),p124(LR),p125(LR),p131(LR)
	p56,p57,p83,p85,p89,p124,p125,p131,p83(HR),p125(HR)
P(104)	p104(NC),p104,p104(LR),p104(HR)
P(128)	p12(NC),p66(NC),p72(NC),p76(NC),p117(NC),p128(NC),p12,p66,p72,p76,p117,p12
	p12(LR),p66(LR),p72(LR),p76(LR),p117(LR),p128(LR),p128(HR)
P(133)	p94(NC),p121(NC),p133(NC),p94,p121,p133,p94(LR),p121(LR),p133(LR),p121(HR
P(101)	p52(NC),p61(NC),p101(NC),p52(LR),p61(LR),p101(LR),p52,p61,p101,p101(HR)
P(142)	p2(NC),p4(NC),p87(NC),p142(NC),p2(LR),p4(LR),p87(LR),p142(LR),p2,p2,p4,p87,
	p2(HR),p142(HR)
P(20)N	p5(NC),p7(NC),p16(NC),p20(NC),p49(NC),p90(NC),p96(NC),p103(NC),p5,p7,p16,
	p103,,p5(LR),p7(LR),p16(LR),p20(LR),p49(LR),p90(LR),p96(LR),p103(LR),p20(H

	p49(HR)
P(113)	p113(NC),p120(NC),p113(LR),p120(LR),p113,p120,p113(HR),p120(HR)
P(150)	,p78(NC),p142(NC),p143(NC),p144(NC),p145(NC),p146(NC),p147(NC),p148(NC),
	p78,p142,p143,p144,p145,p146,p147,p148,p149,p150
	p78(LR),p142(LR),p143(LR),p144(LR),p145(LR),p146(LR),p147(LR),p148(LR),p14
	p145(HR),p150(HR)
P(146)	p78,p142,p143,p144,p145,p146,p147,p148,p149,p150(),p78(NC),p142(NC)
	,p143(NC),p144(NC),p145(NC),p146(NC),p147(NC),p148(NC),p149(NC),p150(NC)
	p78(LR),p142(LR),p143(LR),p144(LR),p145(LR),p146(LR),p147(LR),p148(LR),p14
	p142(HR),p144(HR),p145(HR),p146(HR),p149(HR)
P(65)L	p27(LR),p30(LR),p51(LR),p65(LR),p108(LR),p27,p30,p51,p65,p108
	p27(NC),p30(NC),p51(NC),p65(NC),p108(NC),p27(HR),p65(HR)
P(113)L	p113(LR),p120(LR),p113(NC),p120(NC),p113,p120,p113(HR),p120(HR)
P(150)L	p78(LR),p142(LR),p143(LR),p144(LR),p145(LR),p146(LR),p147(LR),p148(LR),p14
	,p78(NC),p142(NC),p143(NC),p144(NC),p145(NC),p146(NC),p147(NC),p148(NC),
	p78,p142,p143,p144,p145,p146,p147,p148,p149,p150
	p145(HR)
P(61)L	p52(LR),p61(LR),p52(NC),p61(NC),p52,p61,p61(HR)
P(63)L	p34(LR),p63(LR),p34,p63,p34(NC),p63(NC),p53(HR)
P(136)L	p135(LR),p136(LR),p137(LR),p138(LR),p139(LR),p140(LR),p135,p136,p137,p138,
	p135(NC),p136(NC),p137(NC),p138(NC),p139(NC),p140(NC),p141(NC)
	p136(HR),p138(HR),p135(HR)
P(109)L	p109(LR),p109.p109(NC),p109(HR)
P(19)L	p6(LR),p8(LR),p19(LR),p30(LR),p33(LR),p39(LR),p54(LR),p57(LR),p77(LR),p107(
	p6(NC),p8(NC),p19(NC),p30(NC),p33(NC),p39(NC),p54(NC),p57(NC),p77(NC),p1
	p6,p8,p19,p30,p33,p39,p54,p57,p77,p107,p6(HR),p19(HR),107(HR)
P(59)L	p25(LR),p59(LR),p25(NC),p59(NC),p25,p59,p59(HR)
P(37)L	p37(LR),p68(LR),p114(LR),p129(LR),p132(LR),p37(HR),p68(HR),p114(HR)

	p37,p68,p114,p129,p132,p37(NC),p68(NC),p114(NC),p129(NC),p132(NC)
P(144)L	p78(LR),p142(LR),p143(LR),p144(LR),p145(LR),p146(LR),p147(LR),p148(LR),p14
	p78,p142,p143,p144,p145,p146,p147,p148,p149,p150
	p144(HR),p148(HR),p149(HR)
P(14)L	p14(LR),p14,p14(NC),p14(HR)
P(114)L	p37(LR),p68(LR),p114(LR),p129(LR),p132(LR),p37(HR),p68(HR),p114(HR),37(HR
	p37,p68,p114,p129,p132,p37(NC),p68(NC)
P(15)L	p15(LR),p22(LR),p81(LR),p97(LR),p99(LR),p102(LR),p15(HR),p97(HR),p91,p97,p
	p15,p22,p81,p97,p99,p102,p15(NC),p22(NC),p81(NC),p97(NC),p99(NC),p102(NC)
	p100(HR),p134(HR)
P(36)L	p36(LR),p36,p36(NC),p36(HR)
P(121)L	p94,p121,p133,,p17,p92,p94(NC),p121(NC),p94(LR),p121(LR),p133(LR),p121(HR),
P(5)LR	p5(LR),p7(LR),p90(LR),p96(LR),p103(LR),p90(HR),p96(HR),p103(HR)
	p5(NC),p7(NC),p90(NC),p96(NC),p103(NC)
P(55)L	p18(NC),p35(NC),p55,p18(LR),p35(LR),p55(LR),p18,p35,p55
	p35(HR),p55(HR)
P(30)L	p27(LR),p30(LR),p51(LR),p108(LR),p108(HR),p30(HR),p51(HR),p27,p30,p51,p108
	p27(NC),p30(NC),p51(NC),p108(NC)
P(7)LR	p7,p16,p90,p96,p7(NC),p16(NC),p90(NC),p96(NC)
	p7(LR),p16(LR),p90(LR),p96(LR),p90(HR),p96(HR)
P(126)L	p71(NC),p126(NC),p71,p126,p71(LR),p126(LR),p71(HR),126(HR)
P(23)L	p23(LR),p40(LR),p67(LR),p111(LR),p23(NC),p40(NC),p67(NC),p111(NC),p23(HR)
P(125)L	p83(LR),p85(LR),p124(LR),p125(LR)
	p83(NC),p85(NC),p124(NC),p125(NC)p83,p85,p124,p125,p83(HR),p125(HR)
P(37)L	p37(LR),p68(LR),p114(LR),p132(LR),p37(HR),p68(HR),p114(HR)
	p37,p68,p114,p129,p37(NC),p68(NC),p114(NC),p129(NC)
P(50)L	p50(LR),p50(NC),p50
P(110)L	p105(LR),p106(LR),p110(LR),p106(HR),p110(HR),p105(NC),p106(NC),p110(NC),p
P(83)L	p83(LR),p85(LR),p89(LR),p124(LR),p125(LR),p131(LR),p83,p85,p89,p124,p125,p1

	p83(NC),p85(NC),p89(NC),p124(NC),p125(NC),p131(NC)
P(12)L	p12(LR),p66(LR),p12(HR),p66(HR),p12,p66,p12(NC),p66(NC)
P(78)L	p78(LR),p142(LR),p145(LR),p146(LR),p148(LR),p149(LR),p150(LR),p78(NC),p14
	p145(NC),p146(NC),p147(NC),p148(NC),p149(NC),p150(NC),p145(HR),148(HR),p
	p78,p145,p146,p147,p148,p149,p150()
P(142)L	p142(LR),p143(LR),p144(LR),p145(LR),p148(LR),p149(LR),142(HR)
	p144(HR),p145(HR),p148(HR),p149(HR),p144(NC),p145(NC)p148(NC),p149(NC)
P(47)L	p47(LR),p47,p47(NC),p47(HR)
P(57)L	p56(LR),p57(LR),p83(LR),p85(LR),p89(LR),p124(LR),p125(LR),p131(LR)
	p56(NC),p57(NC),p83(NC),p85(NC),p89(NC),p124(NC),p125(NC),p131(NC
	p56,p57,p83,p85,p89,p124,p125,p131),p83(HR),p57(HR)
P(109)L	p109.p109(NC),p109(LR),p109(HR)
P(41)H	p41(NC),p41,p41(LR),p41(HR)
P(125)	p83(HR),p125(HR),p125,p83,p125(NC),p83(NC),p125(LR),p83(LR)
P(109)	p109(HR),p109.p109(NC),p109(LR)
P(61)H	p61(HR),p52(NC),p61(NC),p52(LR),p61(LR),p52,p61
P(119)	p119(HR),p70(HR),p119(LR),p70(LR),p119(NC),p70(NC),p119,p70
P(150)	p145(HR),p150(HR),p145(HR),p146(HR),p145(LR),p150(LR),p145(LR),p146(LR)
	p145(NC),p150(NC),p145(NC),p146(NC),p145,p150,p145,p146
P(147)	p147(HR),p147(NC),p147(LR),p147
P(128)	p128(HR),p128(NC),p128(LR),p128
P(72)H	p72(HR),p72(NC),p72(LR),p72
P(19)H	p6(HR),p19(HR),107(HR),p6(LR),p19(LR),107(LR),p6(NC),p19(NC),107(NC),p6,p
P(135)	p136(HR),138(HR),135(HR),p136(LR),138(LR),135(LR),p136(NC),p138(NC),p135(
	p136,p138,p135
P(51)H	p108(HR),p30(HR),p51(HR),p27(LR),p30(LR),p51(LR),p108(LR),p27,p30,p51,p108
P(126)	p71(HR),126(HR),p28(NC),p71(NC),p126(NC),p28,p71,p126,p28(LR),p71(LR),p12
P(115)	p10(HR),p38(HR),p42(HR),p115(HR),p118(HR),p10(LR),p38(LR),p42(LR),p115(L

	p10(NC),p38(NC),p42(NC),p115(NC),p118(NC),p10,p38,p42,p115,p118
P(83)H	p83(HR),p125(HR),p83(LR),p125(LR),p83(NC),p125(NC),p83,p125
P(140)	140(HR),p139(HR),p137(HR),p141(HR),p138(HR),140(LR),p139(LR),p137(LR),p14
	,140(NC),p139(NC),p137(NC),p141(NC),p138(NC),140(HR),p139,p137,p141,p138
P(101)	p101(HR),p101(LR)p101(NC),p101
P(4)HR	p2(HR),p4(HR),p87(HR),p2(LR),p4(LR),p87(LR),p2(NC),p4(NC),p87(NC),p2,p4,p8
P(93)H	p93(HR),p93,p93(NC),p93(LR)
P(121)	p121(HR),p133(HR),p121(LR),p133(LR),p121(NC),p133(NC),p121,p133
p(95)H	p95(HR),p95(LR),p95(NC),p95
P(106)	p106(HR),p110(HR),p11(HR),p105(HR),p106(LR),p110(LR),p11(LR),p105(LR),
	p106(NC),p110(NC),p11(NC),p105(NC),p106,p110,p11,p105
P(124)	p124(HR),p131(HR),p124(LR),p131(LR),p124(NC),p131(NC),p124,p131
P(130)	p130(HR),p130(LR),p130(NC),p130
P(32)H	p32(HR),p32(LR),p32(NC),p32
P(132)	p132(HR),p132(LR),p132(NC),p132
P(123)	p123(HR),p91(HR),p100(HR),p134(HR),p123(LR),p91(LR),p100(LR),p134(LR)
	p123(NC),p91(NC),p100(NC),p134(NC),p123,p91,p100,p134
P(117)	p117(HR),p117(LR),p117(NC),p117
P(105)	p106(HR),p110(HR),105(HR),11(HR),,p106(LR),p110(LR),105(LR),11(LR),p106,p1
	,p106(NC),p110(NC),105(NC),11(NC)

MIX
Papier aus verantwortungsvollen Quellen
Paper from responsible sources
FSC® C105338

Printed by Books on Demand GmbH, Norderstedt / Germany